burda

Balkan-Küche

Über 150 Rezepte von pfefferscharf bis zuckersüß

Pawlak

Lizenzausgabe 1989 für
Manfred Pawlak Verlagsgesellschaft mbH, Herrsching

Redaktion: Renate Derndinger
burda-Kochstudio: Ernst Birsner
burda-Fotostudio: Gerd Feierabend
Gestaltung: Norbert Schäfer
Umschlaggestaltung: Bine Cordes, Weyarn
Umschlagfoto: Studio Fischer, München
Printed in Italy
by Arti Grafiche VINCENZO BONA s.p.a.
ISBN: 3-88199-510-2

INHALT

DER BALKAN

BUDAPEST
UNGARN
RUMÄNIEN
BUKAREST
DONAU
BELGRAD
SCHWARZES MEER
JUGOSLAWIEN
BULGARIEN
SOFIA
ISTANBUL
ADRIATISCHES MEER
TIRANA
ALBANIEN
TÜRKEI
GRIECHENLAND
ATHEN
MITTEL-MEER

VORWORT

Der Balkan erstreckt sich, wie die geographische Skizze zeigt, von Ungarn über Rumänien und Bulgarien bis hin zur Mittelmeerküste. Die Verschiedenartigkeit der Landstriche – vom rauhen Norden bis zum sonnigen Süden – zeigt sich auch ganz deutlich auf kulinarischem Gebiet. So ist ein Streifzug durch die Küchen des Balkans für jeden Feinschmecker ein Erlebnis. In bunter Reihenfolge wechseln einfache Gerichte mit aufwendigen Speisen ab. Die bekanntesten Gerichte haben wir Ihnen im vorliegenden Buch zusammengetragen. Die Auswahl der Rezepte wurde dabei so getroffen, daß sich in bezug auf Nahrungsmittel und Kochmethoden keine Schwierigkeiten ergeben, die kulinarischen Genüsse zu Hause nachzuvollziehen.

EINFÜHRUNG

Die Balkanküche ist so vielfältig wie die Bewohner der Balkanstaaten. Auf der Speisekarte spiegeln sich italienische, österreichische, ungarische und türkische Elemente wider. Einfache Gerichte, die an die karge Lebensweise der Bauern und Hirten erinnern, wechseln in bunter Reihenfolge mit herrlichen Fischspezialitäten von küstennahen Gebieten am Schwarzen und Adriatischen Meer oder von Binnenseen sowie den orientalischen Speisen ab, die auf den Einfluß der türkischen Eroberer zurückzuführen sind.

Gastfreundschaft, Gastlichkeit und Lebensfreude spielen bei allen Bewohnern der Balkanländer eine sehr große Rolle. Sie sind die Eckpfeiler der guten Eigenschaften, denen man überall begegnet. Bei Festen und Feierlichkeiten, die Abwechslung im täglichen kargen Einerlei bieten, kommen das Temperament und die Lebensfreude besonders zum Tragen.

Schon Tage vorher wird in den Küchen vorbereitet, gebraten und gebacken, um die Gäste mit dem Köstlichsten zu bewirten, was Küche und Keller hergeben. Ein solches Fest mitzumachen, ist für jeden Ausländer ein unvergeßliches Erlebnis. Die Feierlichkeiten beginnen meist schon am späten Vormittag, ziehen sich über den Nachmittag hin und enden erst spät in der Nacht. Während der ganzen Zeit werden die leckersten Speisen und Getränke aufgetragen, bei denen man nicht umhin kann, alles zu probieren.

Die Reihenfolge des Essens ist in den meisten Balkanstaaten ähnlich. Man beginnt mit vielerlei Vorspeisen, Meze genannt. Als Appetitanreger knabbert man einige Oliven oder Nüsse, hauchdünne Scheiben luftgetrockneten und geräucherten Pršut's, einer Schinkenspezialität, oder Salamischeiben sowie etwas halbfesten oder weichen Käse. Dazu wird ein Gläschen Sliwowitz getrunken. Umfangreiche Vorspeisen sind cremige Käse- oder Gemüsepasten, eingelegte oder gebackene Auberginen, gefüllte Weinblätter sowie leichte Eierspeisen. Suppen werden nur als klare Brühen oder leicht gebundene Suppen vorweg gegessen. Die herzhaft-kräftigen Suppentöpfe sind so sättigend, daß sie als Hauptmahlzeit serviert werden.

Als Hauptgang folgen Fisch-, Fleisch- oder Gemüsegerichte. Zu Gegrilltem kommen überwiegend nur Salate und frisches Brot auf den Tisch. Zu Gulasch, Ragouts und Pfannengerichten serviert man landesübliche Beilagen wie Duveč, Maisbrei oder Knödel. Sie sind in diesem Buch in einem eigenen Kapitel aufgeführt. Denn viele Beilagen sind für unsere Eßgewohnheiten so reichhaltig, daß sie, mit Salaten oder gedünstetem Gemüse serviert, eigenständige Gerichte ergeben. Den Abschluß eines Essens bilden Käse und frisches Obst oder es steht eine große Auswahl süßer Leckereien zur Verfügung. Dieses Kleingebäck ist meist sehr süß und mächtig und verheimlicht keineswegs den orientalischen Ursprung. Dazu gehört unbedingt ein Täßchen frisch gebrühten türkischen Mokkas, der nach einem so reichhaltigen Genuß fast unentbehrlich ist. Er wird im typischen Kupfergefäß, Dzezwa genannt, serviert.

Trifft man sich zu einem Glas Wein, Sliwowitz oder Bier, läßt man sich gerne die köstlichen Ćevapčići dazu schmecken. Die kleinfingerlangen Hackfleischwürstchen werden zu jeder beliebigen Tageszeit bis spät in die Nacht hinein verzehrt. Der verführerische Duft der Holzkohlenfeuer, auf deren Rosten die röschsaftigen Fleischschmankerln gegrillt werden, durchzieht Straßen- und Gartenrestaurants und lädt zum gemütlichen Plausch ein.

BESONDERHEITEN DER BALKANKÜCHE

Fette und Öle werden in der balkanischen Küche in großen Mengen verwendet. Wir haben versucht, die Mengenangaben so gering als möglich zu halten, ohne daß die Gerichte an Geschmack verlieren. In bäuerlichen Gegenden, in denen die Gerichte einfach, deftig und preiswert sind, wird überwiegend mit Schmalz gekocht. Schweine und Gänse werden selbst gezüchtet. Sie liefern nicht nur ihr Fleisch, auch das Fett wird ausgelassen und zum Kochen verwendet. Im Süden gedeihen die Ölbäume prächtig. Aus den kleinen dunkelvioletten bis schwarzen Oliven preßt man ein vorzügliches Öl. Es dient zum Anmachen von Salaten, zum Grillen, Kochen und Backen sowie zum Einlegen von Gemüse.

Paprika und Knoblauch ist für viele der Inbegriff südöstlicher Küche. Bei Paprika wird zwischen den großen, bittersüß schmeckenden Paprikaschoten (Gemüsepaprika) und den spindelförmigen, mild bis scharfen Paprikaschoten (Gewürzpaprika) unterschieden. Gemüsepaprika ist bei uns frisch oder süßsauer eingelegt als Tomatenpaprika erhältlich. Die vitaminreichen Schoten lassen sich vielfältig verwenden, z. B. roh als Salate, gegart als Gemüse sowie zum Füllen oder in Verbindung mit geschmacklich passenden Gemüsesorten. Gewürzpaprika kommt getrocknet und gemahlen in den Handel. Das Pulver wird in unterschiedlichen Schärfegraden angeboten: der milde Delikateßpaprika, der bei Speisen eine schöne Rotfärbung bewirkt; Edelsüß-Paprika ist mildscharf und würzig im Geschmack; beim Rosenpaprika wird die ganze Frucht einschließlich Samenkörner und Scheidewänden, in denen die Schärfe hauptsächlich enthalten ist, vermahlen. Er ist daher extrem scharf.

Für unsere Eßgewohnheiten ist edelsüßer Paprika am angenehmsten. Oft aber ist in unseren Rezepten Rosenpaprika angegeben, da nur mit ihm der für die Gerichte typische Geschmack erzielt wird. Knoblauch ist bei vielen südlichen Gerichten unbedingtes „Muß“. Bei uns leicht verpönt, erfüllt der typische, durchdringende Knoblauchduft in südlichen Ländern alle Küchen. Denn dort wird er als wichtiges diätetisches Mittel geschätzt. Knoblauch wirkt blutreinigend, verdauungsfördernd, temperamentsteigernd und vorbeugend gegen Alterserscheinungen.

Würzige Kräuter werden gern und üppig verwendet. Sie wachsen in den Balkanstaaten und am Mittelmeer häufig noch wild und haben sich so ein ausgeprägtes, intensives Aroma bewahrt. Typische Kräuter sind Majoran, Dill, Basilikum, Salbei, Pfefferminze, Rosmarin und Thymian. Jede Hausfrau ist stolz auf ihren Vorrat an Kräutern. Büschelweise hängen die gesammelten Kräuter neben Knoblauchzöpfen und Paprikasträngen zum Trocknen an Fenstern und in den Küchen.

Wir können frische Kräuter – soweit sie bei uns nicht erhältlich sind – durch getrocknete oder tiefgefrorene ersetzen. Wichtig: Getrocknete Kräuter immer rechtzeitig dem Gericht zugeben und einige Zeit mitkochen lassen. So können sie ihr Aroma voll entfalten.

Käse wird, wie bei uns, häufig gegessen. Man serviert ihn zum Frühstück, als Vorspeise oder Dessert, oder er wird zum Kochen verwendet. Die Käse werden aus Kuh-, Schaf- und Ziegenmilch hergestellt. Die bekanntesten Käsesorten sind:

* Kajmak: gekochter, gesalzener Rahm von mildem Geschmack, der als Vorspeise oder zum Kochen verwendet wird. In etwa mit unserem sauren Rahm zu vergleichen. Reifer Kajmak ist schon in Gärung übergegangen. Im Geschmack ist er dann herber und schärfer.
* Fetakäse: gesalzener Weichkäse aus Schafmilch oder einer Mischung aus Schaf- und Kuhmilch hergestellt. Der weiß-gelbliche, rindenlose Käse hat einen säuerlich-salzigen Geschmack.
* Brinza: streichfähiger Frischkäse, der aus Schafmilch gewonnen wird.
* Sirene: aus Schaf- oder Kuhmilch gewonnener, schnittfester Hartkäse.
* Kaschkaval: fester Hartkäse, aus Schafmilch hergestellt.

Schalen- und Trockenfrüchte: Bei der Verwendung von Mandeln, Nüssen, Feigen, Rosinen u. v. a. wird der orientalische Einfluß auf die Länder des Balkans besonders deutlich. In küstennahen Gebieten wird extrem süßes Kleingebäck in großer Vielfalt angeboten. Oftmals sind die Gebäckteilchen noch mit lieblich duftendem Rosen- oder Orangenblütenwasser getränkt. Bei pikanten Gerichten liebt man den Kontrast von süß und salzig. So werden bestimmte Speisen durch die Zugabe von Nüssen oder getrockneten Früchten geschmacklich verfeinert.

REZEPTE

SERBISCHER KAVIAR

Srpski ajvar (jug.)

4 Portionen à ca. 155 kcal (650 kJ)

2 Auberginen, 4 rote Paprikaschoten, 1 Zwiebel, 2 Knoblauchzehen, Salz, Pfeffer, 1/2–1 TL Rosenpaprika, 1 Prise Zucker, Saft von 1 Zitrone, 1/2 Tasse Olivenöl.

Auberginen und Paprikaschoten waschen, abtrocknen, auf ein Backblech legen und im 200° (Gas Stufe 3) heißen Backofen solange backen, bis die Häute platzen und das Fruchtfleisch sich weich anfühlt. Früchte häuten, halbieren und entkernen. Fruchtfleisch grob hacken. Zwiebel und Knoblauch schälen, Zwiebel hacken, Knoblauch zu Mus zerdrücken. Zwiebel in 2 EL Öl gelb dünsten, Knoblauch untermischen. Erkaltete Zwiebelmasse zum Auberginen-Paprika-Mus geben, Gewürze untermischen. Unter ständigem Rühren Zitronensaft und Olivenöl zufügen. Mindestens 2–3 Std. durchziehen lassen.

SERBISCHER SALAT

Srpska salata (jug.)

4 Portionen à ca. 210 kcal (880 kJ)

150 g Schaf- oder bulgarischer Käse, 1 Becher saure Sahne oder Crème fraîche, 2–3 Peperonischoten (Glas), 2–3 Knoblauchzehen.

Schafkäse mit einer Gabel zerdrücken, Sahne oder Crème fraîche untermischen. Abgetropfte Peperonischoten feinwürfeln. Knoblauchzehen schälen, durch eine Knoblauchpresse drücken. Peperonis und Knoblauch unter die Käsemasse rühren.

NUSSPASTE

Pašteta sa orasima (jug.)

4 Portionen à ca. 290 kcal (1215 kJ)

4 Knoblauchzehen, 100 g Walnußkerne, 1/2 TL Salz, 3 EL Olivenöl, 2 Becher Naturjoghurt, 2 EL Essig, 1/2 Salatgurke, Pfeffer.

Knoblauch schälen. Knoblauch, Walnüsse und Salz mit einem Holzstößel zu Mus zerdrücken. Tropfenweise Öl zugießen. Masse solange stoßen, bis sie cremig-weiß ist. Joghurt und Essig untermischen. Salatgurke waschen, ungeschält in kleine Würfel schneiden und zuletzt unter die Nußpaste ziehen. Mit Salz und Pfeffer mild abschmecken.

ßpaste

Serbischer Salat

Serbischer Kaviar

Eingelegter Käse (Rezept Seite 14)

FISCHROGENSALAT

Taramossalata (griech.)

4 Portionen à ca. 265 kcal (1110 kJ)

100 g Toastbrot, 100 g Tarama (Karpfenrogen) oder Keta-Kaviar, 1 EL feingeriebene Zwiebel, 1 Eigelb, Pfeffer, 1 Msp. Edelsüß-Paprika, 6–8 EL Öl, Saft von 1/2 Zitrone.

Entrindetes Toastbrot in Wasser einweichen, gut ausdrücken und in den Mixer geben. Tarama, Zwiebel, Eigelb, Pfeffer und Paprika zugeben, alles im Mixer verquirlen. Öl und zuletzt Zitronensaft in dünnem Strahl bei Schaltstufe I zugießen. Geschmeidige Paste in ein Schälchen füllen, nach Belieben mit einigen Oliven garnieren.

Die würzigen Gemüse- und Käsepasten lassen sich ohne weiteres mehrere Tage lang aufbewahren. Sie werden in Gläser mit Schraubdeckelverschluß gefüllt und in den Kühlschrank gestellt. Zu den Pasten reicht man Weißbrot, grüne und schwarze Oliven sowie geröstete, gesalzene Pistazienkerne.

EINGELEGTER KÄSE

Pikantan sir (jug.)

Insgesamt ca. 2655 kcal (11110 kJ)

2 Pck. (à 200 g) bulgarischer Käse, 2 Schalotten, 2 Knoblauchzehen, 1 Pfefferschote, 2 Zweige frischer Rosmarin, Olivenöl.

Bulgarischen Käse abgetropft in eine Schüssel mit Deckel legen. Geschälte Schalotten und Knoblauchzehen feinhacken, über den Käse streuen. Übrige Gewürze zugeben. So viel Öl zugießen, daß der Käse eben bedeckt ist. Eingelegten Käse 3–4 Tage durchziehen lassen, erst nach dieser Zeit hat er sein Aroma erreicht. Dazu reicht man Weißbrot und schwarze Oliven.

MARINIERTE AUBERGINEN

Marinirani patlidžan (jug.)

4 Portionen à ca. 550 kcal (2300 kJ)

2 Auberginen (ca. 600 g), 4 EL Mehl, Salz, Pfeffer, 1/4 l Öl. –
Marinade: *1/2 Tasse Öl, 4 EL Essig, 4 EL Wasser, Salz, 3 Knoblauchzehen, 1 Bund Petersilie.*

Auberginen waschen, trockentupfen, Stielansätze abschneiden. Auberginen in 1 cm dicke Scheiben schneiden. Mehl mit Salz und Pfeffer mischen. 1/4 der Ölmenge rauchendheiß erhitzen. Auberginenscheiben portionsweise in Mehl wenden und im Fett beidseitig je 1 Min. goldgelb braten. Danach auf Küchenkrepp abtropfen lassen. Sind alle Auberginenscheiben gebraten, dachziegelartig in eine flache Form oder Schüssel schichten. – *Marinade:* Öl, Essig und Wasser miteinander verrühren, Salz und zerdrückte Knoblauchzehen zugeben. Auberginen mit feingehackter Petersilie bestreuen, mit Marinade beträufeln. Vor dem Servieren zugedeckt ca. 3 Std. im Kühlschrank durchziehen lassen. Weißbrot und hauchdünn geschnittene Scheiben ungarische Salami dazu reichen.

PAPRIKA-EIER AUF TOAST

Paprika i jaja na tostu (jug.)

4 Portionen à ca. 265 kcal (1110 kJ)

4 Eier, 4 dicke Scheiben Weißbrot, 1 EL Butter, 1 EL Essig. –
Paprikasoße: *1 Zwiebel, 1 EL Butter oder Margarine, 1 EL Mehl, 1 kleine Dose Paprikamark, 1 Tasse Fleischbrühe (Würfel), Salz, Pfeffer, Saft von 1/2 Zitrone, 1–2 EL saure Sahne. –*
4 Kopfsalatblätter, einige schwarze Oliven.

Paprikasoße: Geschälte, gehackte Zwiebel im Fett gelb dünsten, Mehl und Paprikamark zugeben, verrühren, Soße mit Fleischbrühe glattrühren. Einmal aufkochen, 5 Min. durchkochen lassen. Soße mit Salz, Pfeffer und Zitronensaft würzen, mit Sahne verfeinern. – Weißbrotscheiben etwas aushöhlen, goldgelb rösten, buttern. Eier einzeln in eine Suppenkelle aufschlagen, in heißes Essigwasser gleiten lassen, 3 Min. pochieren. Abgetropfte Eier auf die Brotscheiben geben, leicht salzen. Brotscheiben auf Salatblättern anrichten, Eier mit heißer Paprikasoße überziehen, mit Oliven bestreuen.

AUBERGINEN „IMAM BAYILDI"

„Der Imam fiel in Ohnmacht" (türk.)

4 Portionen à ca. 170 kcal (710 kJ)

2 Auberginen, 2 EL Olivenöl, 2 große Zwiebeln, 2–3 Knoblauchzehen, 2 EL Butter, 1 Dose geschälte Tomaten, Salz, Pfeffer, 1 Prise Zucker, 1 Msp. Zimt, 1/2 Bund gehackte Petersilie, Limonenscheiben, schwarze Oliven, Sardellenfilets.

Auberginen waschen, längs halbieren, Stengelansätze entfernen. Auberginen mit der Schnittfläche nach unten in Olivenöl 10 Min. bei mittlerer Hitze braten. Danach etwas aushöhlen. Zwiebeln und Knoblauch schälen, Zwiebeln in Streifen schneiden, Knoblauch feinhacken. Zwiebeln und Knoblauch in Butter 2 Min. gelb dünsten, abgetropfte Tomaten, Salz, Pfeffer, Zucker, Zimt und Petersilie untermischen. Auberginenhälften damit füllen, in eine gefettete feuerfeste Form setzen und im 180° (Gas Stufe 2) vorgeheizten Backofen ca. 30 Min. garen. Auberginen erkalten lassen. Vor dem Servieren mit halbierten Limonenscheiben, Oliven und Sardellenfilets garnieren.

GEFÜLLTE WEINBLÄTTER

Yalanci dolma (griech.)

4 Portionen à ca. 225 kcal (940 kJ)

Ca. 20 Weinblätter (aus der Dose), 75 g Langkornreis, 2 Zwiebeln, 250 g Kalbshack, je 1 TL Minze, Dill und Petersilie, 1/4 l Fleischbrühe (Würfel), 2 EL Öl, Saft von 1 Zitrone, 1 Prise Zimt, Pfeffer.

Die Weinblätter aufrollen, kalt abspülen, auf einem Küchentuch abtropfen lassen. Reis in leichtem Salzwasser in 15 Min. kernig kochen, abgießen. Zwiebeln schälen und hacken. Reis, Zwiebeln, Kalbshack, Kräuter und 1 EL Öl zu einem würzigen Teig kneten. Auf die Mitte jeden Weinblattes 1 TL Fleischteig geben. Blätter einzeln von unten her bis zur Mitte zusammenrollen, die Seiten einschlagen, Blätter fertig zusammenrollen. In einem flachen Topf Fleischbrühe mit Öl, Zitronensaft, Zimt und Pfeffer erhitzen, Weinblattröllchen dicht nebeneinander hineinlegen. Bei geringer Hitze ca. 30 Min. weichdünsten. Die gefüllten Weinblätter warm oder kalt mit einer kalten Zitronensoße (Rezept Seite 50) reichen.

Auberginen „Imam bayildi“

Gefüllte Weinblätter

DALMATINISCHE TOMATEN

Paradajz na dalmatinski način (jug.)

4 Portionen à ca. 180 kcal (755 kJ)

4 große Tomaten, Saft von 1 Zitrone, 1 Gläschen Sardellenfilets, 4 hartgekochte Eier, 1/2 Becher saure Sahne, Salz, Pfeffer, 1 Bund Petersilie, einige grüne Oliven.

Tomaten waschen, Deckel abschneiden. Tomaten aushöhlen, innen mit wenig Zitronensaft beträufeln. Sardellenfilets und 3 Eier fein zerdrücken, Sahne unterrühren. Masse mit Salz, Pfeffer und gehackter Petersilie abschmecken, in die Tomaten füllen, Tomaten mit Eischeiben und Oliven garnieren.

FRITIERTE TINTENFISCHE

Fritirana tunjevina (jug.)

4 Portionen à ca. 265 kcal (1110 kJ)

500 g kleine TK-Tintenfische, Mehl, Backfett, Salz, 1 Zitrone.

Tintenfische auftauen lassen und vorbereiten. Wie's gemacht wird, steht im Rezept Tintenfischragout auf Seite 56. Gesäuberten Körper und Fangarme mit scharfem Messer oder Küchenschere in kleine Streifen schneiden und in Mehl wenden. Tintenfische portionsweise in einem Sieb vom überschüssigen Mehl befreien und im 180° heißen Backfett 2–3 Min. goldgelb fritieren. Danach herausnehmen, auf Küchenkrepp kurz abtropfen lassen, salzen. Tintenfische heiß, mit Zitronenschnitzen garniert, servieren. Haben Sie frisches Basilikum zur Hand, streuen Sie es über die Tintenfische.

BULGARISCHE ZWIEBELEIER

Jaica s kromid po blgarski način (bulg.)

4 Portionen à ca. 330 kcal (1380 kJ)

6 Eier, Salz, 1 Bund junge Zwiebeln, 2 EL Olivenöl, 150 g bulgarischer oder Schafkäse.

Eier mit Salz verquirlen. Junge Zwiebeln putzen, waschen, zusammen mit dem Zwiebelgrün in Streifen oder Ringe schneiden. Zwiebeln im heißen Öl 5 Min. gelb dünsten. Zwiebeln in der Pfanne flachdrücken, mit Käsescheiben belegen. Beginnt der Käse zu schmelzen, Eiermasse darübergeben und bei milder Hitze in 5–6 Min. stocken lassen. Landbrot dazu reichen.

GEFÜLLTE ESSIGGURKEN

Punjeni krastavci (jug.)

4 Portionen à ca. 150 kcal (630 kJ)

8 große Essiggurken (Glas), 1 eingelegte Paprikaschote, 1 Pck. Doppelrahm-Frischkäse, 2 EL Kondensmilch, 1 Dose (200 g) Garnelen, 1 TL Senf, Salz, ½ Bund Schnittlauch, einige Kopfsalatblätter.

Essiggurken längs halbieren, etwas aushöhlen. Paprikaschote fein würfeln. Frischkäse mit Kondensmilch cremigrühren, Paprika, abgetropfte Garnelen, Senf, Salz und feingeschnittenen Schnittlauch unterrühren. Käsemasse in die Essiggurken häufen, mit Schnittlauchröllchen bestreuen. Gurken auf Salatblättern anrichten. Bauernbrot mit Butter dazu reichen.

GEBACKENE PAPRIKAS

Ardei cu untdelemn (rum.)

4 Portionen à ca. 135 kcal (565 kJ)

Je 4 grüne und rote Paprikaschoten, 4 Knoblauchzehen, Salz, je 4 EL Essig und Öl, frische oder getrocknete Minze.

Paprikaschoten im 180° (Gas Stufe 2) heißen Backofen solange backen, bis die Häute platzen und das Fruchtfleisch sich weich anfühlt. Die Häute von den Paprikaschoten abziehen, Paprika halbieren und entkernen. Hälften salzen und mit feingehackten Knoblauchzehen und Minzblättchen bestreuen. Essig und Öl darüberträufeln. Paprikaschoten 2–3 Std. durchziehen lassen.

CHAMPIGNON-HUHN-SALAT

Salata od živinskog mesa i šampinjona (jug.)

4 Portionen à ca. 225 kcal (940 kJ)

1 Dose Champignons, 1 Tasse kleingeschnittenes, gekochtes Hühnerfleisch, 2 Sardellenfilets, ½ Tasse Mayonnaise, Saft von ½ Zitrone, 2 EL Weinbrand, 1 Löffelspitze Edelsüß-Paprika, einige Kopfsalatblätter, grüne Oliven.

Champignons abtropfen lassen, feinhacken. Pilze und Hühnerfleisch miteinander mischen, feingehackte Sardellenfilets zufügen. Mayonnaise mit Zitronensaft und Weinbrand verrühren, Pilze und Hühnerfleisch locker untermengen. Salat mit Salz, Pfeffer und Paprika abschmecken. Bergartig auf Kopfsalatblättern anrichten, mit Olivenscheiben umlegen.

HERZHAFTE SAUERKRAUTSUPPE

Rasol tschorba (jug.)

4 Portionen à ca. 680 kcal (2845 kJ)

375 g Schweinefleisch, 2 Zwiebeln, 3 EL Öl, 1 EL Mehl, 2 gehäufte TL Edelsüß-Paprika, 1 kleine Dose Sauerkraut, 3–4 Pfefferkörner, 3/4 l Fleischbrühe (Würfel), Salz, Pfeffer, 1 Paar Kochwürste, 1/2 Becher Crème fraîche.

Schweinefleisch in 2 cm große Würfel schneiden. Zwiebeln schälen, feinhakken. Zwiebelwürfel und Fleisch in heißem Öl ringsum scharf anbraten, mit Mehl und Paprika bestäuben, umrühren. Grobzerpflücktes Sauerkraut und Pfefferkörner zugeben, Fleischbrühe zugießen. Die Suppe ca. 40 Min. bei mittlerer Hitze kochen lassen. 10 Min. vor Ende der Kochzeit Kochwürste darin erhitzen. Suppe mit Salz und Pfeffer kräftig abschmecken. Kochwürste herausnehmen, in Scheiben schneiden, wieder in die Suppe geben. Sauerkrautsuppe in eine Terrine füllen und Crème fraîche obenauf geben.

UNGARISCHE KÜMMELSUPPE

Magyares kömény leves (ung.)

4 Portionen à ca. 295 kcal (1235 kJ)

2 Zwiebeln, 2 EL Margarine, 3 EL Mehl, 1 gestrichener EL Kümmel, 1/2 l Milch, 1/2 l Fleischbrühe, Salz, Pfeffer, Streuwürze, 2 Eigelb, 2 Scheiben Toastbrot, 1 EL Butter oder Margarine.

Zwiebeln schälen, halbieren, in Streifen schneiden. Zwiebelstreifen im Fett gelb dünsten, mit Mehl und Kümmel bestreuen, Mehl unter ständigem Rühren hellbraun werden lassen. Einbrenne mit Milch und Fleischbrühe ablöschen, Suppe mit Salz, Pfeffer und Streuwürze würzen, ca. 15 Min. bei mittlerer Hitze kochen lassen. Zuletzt mit Eigelb legieren. Für die Croûtons Toastbrot in 1 cm große Würfel schneiden und in Butter oder Margarine braun rösten. Brotwürfelchen getrennt zur Suppe reichen und erst am Tisch in die Suppe geben, da sie sonst an Knusprigkeit verlieren.

zhafte Sauerkrautsuppe

arische Kümmelsuppe

SLOWENISCHE SAURE SUPPE

Štajerska kisela corba (jug.)

4 Portionen à ca. 410 kcal (1715 kJ)

375 g Schweinefleisch zum Kochen, 1 Zwiebel, 2–3 Knoblauchzehen, 3 EL Öl, 1 gehäufter EL Mehl, 1 TL Rosenpaprika, 1/3 Tasse Weinessig, 1 Lorbeerblatt, Salz, Pfeffer, 3 mittelgroße Kartoffeln, 1/2 Bund Schnittlauch.

Schweinefleisch in 2 cm große Würfel schneiden. Zwiebel und Knoblauch schälen und hacken. Fleisch mit Zwiebeln und Knoblauch in erhitztem Öl kurz anbraten, mit Mehl und Paprika überstäuben, noch 2 Min. braten lassen. 3/4 l heißes Wasser und Weinessig zugießen, Suppe mit Lorbeerblatt, Salz und Pfeffer würzen, ca. 40 Min. bei mittlerer Hitze kochen lassen. Inzwischen die Kartoffeln schälen, in 2 cm große Würfel schneiden. Nach 20 Min. Kochzeit Kartoffeln in die Suppe geben. Sind Fleisch und Kartoffeln gar, Suppe evtl. nochmals mit etwas Essig, Salz und Pfeffer säuerlich abschmecken und mit Schnittlauch bestreut servieren.

FRÜHLINGSSUPPE

Hortosoupa kalokariano (griech.)

4 Portionen à ca. 145 kcal (605 kJ)

1 Zwiebel, 1 Möhre, 1 Zucchini, 2 Tomaten, 1/2 Kopfsalat, 2 EL Butter oder Margarine, 1 Tasse TK-Erbsen, sehr fein, 1 l Hühnerbrühe (Würfel), 1/2 TL Zucker, Salz, Pfeffer, je 1 EL frische oder je 1/2 TL getrocknete Pfefferminze und Basilikum.

Zwiebel und Möhre schälen und zusammen mit der Zucchini in 1/2 cm große Würfel schneiden. Tomaten häuten, halbieren, entkernen und in Streifen teilen. Kopfsalat waschen, ebenfalls streifig schneiden. Butter oder Margarine im Topf erhitzen, Zwiebel-, Möhren- und Zucchiniwürfel darin 5 Min. gelb dünsten. Danach Salat- und Tomatenstreifen sowie die Erbsen zugeben, Hühnerbrühe zugießen, alles 10 Min. bei milder Hitze kochen lassen. Suppe mit Zucker, Salz und Pfeffer abschmecken, mit feingeschnittenen Kräutern bestreuen. *Übrigens:* Haben Sie keine frischen Kräuter parat, getrocknete 10 Min. mitkochen, damit sie ihren Geschmack entfalten können.

BULGARISCHE SPINATSUPPE

Blgarska supa ot spanak (bulg.)

4 Portionen à ca. 225 kcal (940 kJ)

500 g frischer Spinat, 1 Zwiebel, 1 EL Margarine, 2 EL Tomatenmark, 75 g Langkornreis, 2 Fleischbrühwürfel, Salz, Pfeffer, Muskat, 1 Becher Joghurt, 3 Eier, Saft von 1 Zitrone, 1/2 Bund Petersilie.

Spinat sauber verlesen, Blätter von den Stielen zupfen, Spinat waschen. Blätter grobhacken. Zwiebel schälen, feinhacken, Zwiebelwürfel in Margarine gelb dünsten, Spinat, Tomatenmark und Reis zugeben, mehrmals umrühren. 1 Liter heißes Wasser zugießen, mit Fleischbrühwürfel, Salz, Pfeffer und Muskat würzen. Spinatsuppe bei milder Hitze etwa 20 Min. kochen lassen. Inzwischen Joghurt mit 1 Ei und Zitronensaft verquirlen. 2 Eier in 10 Min. hartkochen, danach pellen und würfeln. Suppe mit Joghurt binden, abschmecken. Mit gehacktem Ei und Petersilie bestreut servieren.

GRIECHISCHE ZITRONENSUPPE

Soupa avgolemono (griech.)

4 Portionen à ca. 460 kcal (1925 kJ)

2 Zwiebeln, 1 Fenchelknolle, 1/4 Sellerieknolle, 50 g Margarine, 1/2 l Weißwein, 1/2 l Fleischbrühe (Würfel), 1 Becher süße Sahne, 2 Eier, 1 TL Worcestersoße, 4 TL Instant-Helle Soße, dünn abgeschälte Schale und Saft von 2 Zitronen.

Zwiebeln, Fenchel- und Sellerieknolle schälen, in kleine Würfel schneiden. Fett erhitzen, Gemüsewürfel 5 Min. darin dünsten. Weißwein und Fleischbrühe zugießen, Suppe etwa 20 Min. bei milder Hitze kochen lassen. Sahne mit Eigelb, Worcestersoße und Soßenpulver verquirlen. Eiweiß steif schlagen. Suppe vom Herd nehmen, Sahne einrühren, Eischnee locker unterziehen. Zuletzt mit feingehackter Zitronenschale und -saft würzen.

Schmecken in der Suppe besonders fein: Klößchen aus 250 g Bratwurstbrät, 1 Bund gehackter Petersilie und 1 Teelöffel Edelsüß-Paprika formen und diese in kochendem Salzwasser 5 Min. ziehen lassen. Herausnehmen und in die Zitronensuppe geben.

HALASLÉ

Karpfensuppe (ung.)

4 Portionen à ca. 630 kcal (2635 kJ)

1 Karpfen (ca. 1000 g), 5 Zwiebeln, 3 grüne Paprikaschoten, 100 g durchwachsener Räucherspeck, 3 EL Öl, 1 EL Edelsüß- und 1 TL Rosenpaprika, ½ l Rotwein, 2 Lorbeerblätter, 500 g Kartoffeln, 2–3 TL Instant-Bratensoße, Salz, Streuwürze.

Karpfen vom Fischhändler säubern und in 4 Stücke teilen lassen. Zwiebeln schälen, halbieren, in Streifen schneiden. Paprikaschoten waschen, halbieren, entkernen, in 1½ cm breite Streifen teilen. Räucherspeck fein würfeln. Öl in breitem, flachem Topf erhitzen, Speckwürfel kurz darin ausbraten. Zwiebel- und Paprikastreifen zugeben, ca. 5 Min. dünsten. Paprikapulver unterrühren. Fischstücke und Lorbeerblätter aufs Gemüse geben. Rotwein und ½ Liter Wasser zugießen, alles zugedeckt ca. 25 Min. garen. Geschälte, geviertelte Kartoffeln in Salzwasser 20 Min. kochen. Danach Fischstücke, einen Teil des Gemüses und Kartoffeln auf einer vorgewärmten Platte anrichten, warm stellen. Fischsuppe mit Soßenpulver binden, einmal aufkochen lassen, mit Salz und Streuwürze abschmecken.

MAZEDONISCHE FISCHSUPPE

Alaska corba (jug.)

4 Portionen à ca. 390 kcal (1630 kJ)

750 g verschiedene Fische (z. B. Kabeljau, Goldbarsch, Schellfisch), Saft von 1 Zitrone, 1 Zwiebel, 1 Stange Lauch, 1 Fenchelknolle, 1 Möhre, 2–3 Stangen Bleichsellerie, 3 EL Öl, 2 Lorbeerblätter, 4–5 Pfefferkörner, ½ l Weißwein, 1 Becher saure Sahne, 2–3 TL Instant-Helle Soße, Salz, Pfeffer, Streuwürze.

Fische vorbereiten, unter kaltem Wasser abspülen und in mittelgroße Stücke schneiden. Mit Zitronensaft beträufelt 20 Min. zugedeckt stehen lassen. Gemüse schälen bzw. putzen und waschen. Zwiebel, Fenchel und Bleichsellerie in Streifen, Lauch und Möhre in Scheiben schneiden. Öl in großem Topf erhitzen, Gemüse darin 5 Min. gelb dünsten. Lorbeerblätter und Pfefferkörner zugeben, mit Weißwein und ½ Liter Wasser auffüllen. Suppe etwa 20 Min. bei mittlerer Hitze kochen lassen. Sahne mit Soßenpulver verquirlen, in die Suppe einrühren, einmal aufkochen lassen. Fischstücke hineinlegen und bei geringer Hitze 12 Min. garziehen lassen. Fischsuppe mit Salz, Pfeffer und Streuwürze abschmecken.

aslé

zedonische Fischsuppe

SZEGEDINER FISCHSUPPE

Szegedi halleves (ung.)

4 Portionen à ca. 395 kcal (1655 kJ)

500 g Fischfilet (Kabeljau, Schellfisch), Saft von 1 Zitrone, 2 Zwiebeln, 1–2 Knoblauchzehen, 1 Möhre, 1/4 Sellerieknolle, 1 Stange Lauch, 2 Tomaten, 2 Kartoffeln, 1 kleine Dose Sauerkraut, 2 EL Margarine, 1 Lorbeerblatt, je 3 Wacholderbeeren und Pfefferkörner, 1/2 l Weißwein, 1 Becher Joghurt, 1 Ei, 2 TL Instant-Helle Soße, Streuwürze, 1/2 Bund gehackte Petersilie.

Fischfilet in 4 cm große Stücke schneiden, mit Zitronensaft 20 Min. zugedeckt marinieren. Gemüse putzen bzw. schälen. Zwiebeln und Knoblauch feinhakken, Möhre, Sellerieknolle und Kartoffeln in 1 cm große Würfel, Lauch in Ringe schneiden. Tomaten häuten, halbieren, entkernen, in Streifen schneiden. Sauerkraut grob zerpflücken. Margarine im Topf erhitzen, Zwiebeln und Knoblauch darin gelb dünsten, übriges Gemüse zugeben, 5 Min. unter Rühren dünsten. Gewürze, Weißwein und 1/2 Liter Wasser zugießen, alles etwa 20 Min. bei mittlerer Hitze durchkochen lassen. Danach die Fischstücke zugeben und die Suppe bei milder Hitze noch 10 Min. garen. Joghurt, Ei und Soßenpulver miteinander verquirlen, Suppe damit binden. Fischsuppe mit Streuwürze abschmecken, mit Petersilie bestreut servieren.

DÖRROBSTSUPPE

Abgushte miveh (türk.)

4 Portionen à ca. 325 kcal (1360 kJ)

375 g Rindfleisch, 1 Zwiebel, 1 Lorbeerblatt, 2 Nelken, Salz, 1 Kapsel Safran, 1 Msp. gemahlener Kümmel, 1 kleine Dose Maiskörner, 150 g getrocknete Aprikosen und Pflaumen, Saft von 1/2 Zitrone.

Rindfleisch und mit Nelken und Lorbeerblatt gespickte Zwiebel mit 1 1/2 Liter Wasser zum Kochen bringen, mit Salz, Safran und Kümmel würzen. Rindfleisch ca. 1 Std. bei mittlerer Hitze garen. Maiskörner abtropfen lassen. Trockenobst in feine Würfel schneiden, 20 Min. vor Ende der Kochzeit in die Brühe geben. Ist das Fleisch gar, Fleisch sowie die Zwiebel aus der Brühe nehmen, Fleisch in 1 cm große Würfel schneiden. Rindfleisch mit dem Mais in die Brühe zurückgeben, Suppe nochmals erhitzen und mit Salz, Pfeffer und Zitronensaft abschmecken.

BULGARISCHE FRÜHLINGS-SCHNECKENSUPPE

Prolet supa (bulg.)

4 Portionen à ca. 265 kcal (1110 kJ)

2 Dosen Schnecken (2 Dutzend), 1 große Zwiebel, 1–2 Knoblauchzehen, 1 Stange Lauch, 3 EL Olivenöl, $^{1}/_{4}$ l herber Weißwein, $^{1}/_{4}$ l Hühnerbrühe (Würfel), $^{1}/_{2}$ Becher süße Sahne, 1–2 TL Instant-Helle Soße, 1 EL frisches gehacktes Basilikum.

Zwiebel und Knoblauchzehen schälen, feinhacken. Lauch putzen, waschen, in Ringe schneiden. Öl erhitzen, Gemüse 3 Min. darin anschwitzen. Schnecken mit Fond, Wein und Hühnerbrühe zufügen, alles 15 Min. bei geringer Hitze durchkochen lassen. Sahne mit Soßenpulver verquirlen, in die Suppe rühren, einmal aufkochen lassen. Schneckensuppe nach dem Erkalten mit frischem Basilikum bestreut servieren.

Diese köstliche Schneckensuppe wird ohne Gewürze zubereitet, damit der Eigengeschmack der Schnecken richtig zur Geltung kommt. Wer mag, kann das Süppchen selbstverständlich mit einer Prise Salz und weißem Pfeffer abschmecken.

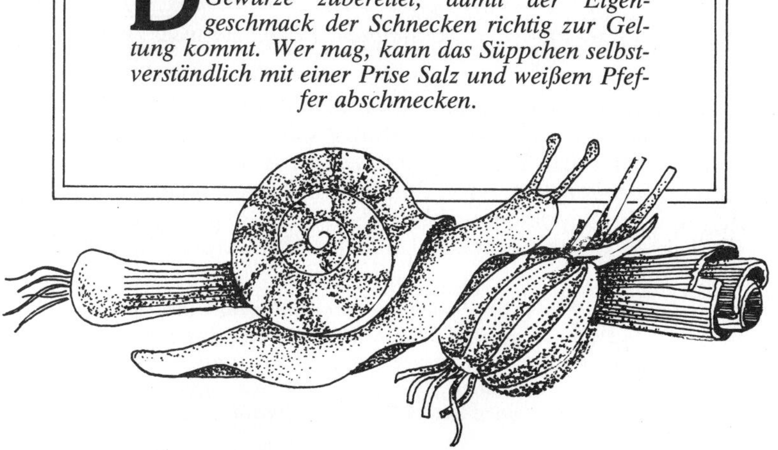

SERBISCHE BOHNENSUPPE

Srpski pasulj (jug.)

4 Portionen à ca. 690 kcal (2885 kJ)

500 g weiße Bohnen, 2 Zwiebeln, je 1 rote und grüne Paprikaschote, 100 g Räucherspeck, 2 EL Margarine, 1 EL Edelsüß-Paprika, 1 EL Mehl, 1 Fleischbrühwürfel, 1 TL Thymian, Salz, Pfeffer, 4 Paar rote Bratwürste.

Bohnen über Nacht in 1 Liter kaltem Wasser einweichen. Zwiebeln schälen, feinhacken. Paprikaschoten waschen, halbieren, entkernen, in breite Streifen teilen. Speck ebenfalls in breite Streifen schneiden. Margarine erhitzen, Speck darin auslassen. Zwiebelwürfel zugeben, gelb dünsten. Paprikastreifen, Paprikapulver und Mehl zufügen, 2 Min. andünsten. Abgetropfte, eingeweichte Bohnen zugeben, mit 1 Liter Wasser auffüllen, Suppentopf mit Brühwürfel, Thymian, Salz und Pfeffer würzen. Alles ca. 1 Std. bei mittlerer Hitze kochen lassen. In den letzten 10 Min. der Garzeit die Bratwürste darin erhitzen. Die Bohnensuppe vor dem Servieren scharf-würzig abschmecken.

HERZHAFTE LINSENSUPPE

Mercimek tschorbasi (türk.)

4 Portionen à ca. 175 kcal (730 kJ)

100 g getrocknete rote Linsen, 2 Zwiebeln, 1 Knoblauchzehe, 1 EL Butter oder Margarine, 1 TL Edelsüß-Paprika, 1 EL Tomatenmark, 1 Lorbeerblatt, Salz, schwarzer Pfeffer, $\frac{1}{2}$ TL Majoran, 1 l Hühnerbrühe (Würfel).

Linsen in 1 Liter kaltem Wasser über Nacht einweichen. Zwiebeln und Knoblauchzehe schälen, feinhacken. Butter oder Margarine erhitzen, Zwiebeln und Knoblauch darin 2 Min. gelb dünsten. Abgetropfte Linsen, Paprika, Tomatenmark, Lorbeerblatt, Salz, Pfeffer und Majoran zufügen, Hühnerbrühe zugießen und die Suppe bei mittlerer Hitze ca. $1\frac{1}{2}$ Std. kochen lassen. Sind die Linsen weich, Suppe mit Salz und Pfeffer abschmecken.

Wer's pfefferscharf mag, schneidet 200 g Debreziner Wurst in 1 cm dicke Scheiben und erhitzt diese kurz in der Suppe. Geben Sie dann noch 2–3 gewürfelte Kartoffeln in die Suppe, wird ein sättigender Eintopf daraus.

Serbische Bohnensuppe

BOSNISCHE HÜHNERSUPPE

Begova tschorba (jug.)

4 Portionen à ca. 350 kcal (1465 kJ)

500 g TK-Hühnerbrüstchen, 1 Zwiebel, 1 Möhre, 3 EL Öl, abgeriebene Schale und Saft 1 Zitrone, Salz, Pfeffer, 2 EL Mehl, 1/4 l Milch, 1/2 Becher saure Sahne, 2 Eier, Streuwürze, 1/2 Bund Schnittlauch.

Aufgetaute Hühnerbrüstchen in 1 cm breite Streifen schneiden. Zwiebel und Möhre schälen, fein würfeln. Öl in Kasserolle erhitzen, Fleischstreifen und Gemüsewürfel darin 5 Min. glasig dünsten. Mit Zitronenschale und -saft, Salz, Pfeffer und Mehl bestreuen, umrühren. 1/2 Liter heißes Wasser und Milch zugießen, Suppe 10 Min. bei mittlerer Hitze kochen lassen. Sahne und Eier miteinander verquirlen, unter Rühren in die Suppe gießen, Suppe noch 5 Min. garen. Evtl. nochmals mit Salz, Pfeffer und Streuwürze abschmecken. Suppe mit Schnittlauchröllchen bestreuen.

SERBISCHE KALBFLEISCHSUPPE

Srpska teleća tschorba (jug.)

4 Portionen à ca. 275 kcal (1150 kJ)

400 g Kalbfleisch zum Kochen, 2 Zwiebeln, 2 Möhren, 1 kleine Stange Porree, 1 Stück Sellerieknolle, 3 EL Öl, Salz, Pfeffer, 1 Pck. Kalbfleischsuppe (für 3/4 l Flüssigkeit), 1/2 Bund Petersilie.

Kalbfleisch in 2 cm große Würfel schneiden. Gemüse putzen bzw. schälen und waschen. Zwiebeln, Möhren und Sellerie in kleine Würfel, Porree in Ringe schneiden. Öl in Kasserolle erhitzen, Fleischwürfel 3 Min. darin anbraten, Gemüsewürfel zugeben, noch 5 Min. weiterbraten. 1 Liter heißes Wasser zugießen, Suppe salzen und pfeffern, ca. 15 Min. bei mittlerer Hitze kochen lassen. Ist das Fleisch weich, den Inhalt des Beutels Kalbfleischsuppe hineinrühren, Suppe einmal aufkochen lassen und bei milder Hitze noch 10 Min. kochen lassen. Zuletzt mit Salz und Pfeffer nochmals abschmecken und mit gehackter Petersilie bestreut servieren.

LAMMFLEISCHSUPPE

Mayeritsa (griech.)

4 Portionen à ca. 370 kcal (1550 kJ)

375 g Lammfleisch zum Kochen, 2–3 Lammknochen, 1 Bund Suppengrün, 75 g Langkornreis, Salz, Pfeffer, 2 Tomaten, 1 Becher Naturjoghurt, 1 EL Mehl, 1 Ei, Saft von 1 Zitrone, ½ Bund Petersilie.

Lammfleisch und -knochen unter fließendem Wasser waschen. Suppengrün putzen, waschen, zu einem Bündel zusammenbinden. Fleisch, Knochen und Suppengrün mit 1 Liter Wasser ca. 1 Stunde bei mittlerer Hitze kochen lassen. Ist das Fleisch weich, herausnehmen und in Würfel schneiden. Brühe in den Topf zurückgeben, Reis hineinschütten, salzen, pfeffern, Suppe noch 20 Min. bei milder Hitze kochen lassen. Inzwischen Tomaten häuten, halbieren, entkernen und in Streifen schneiden. Karotte und Sellerie (vom Suppengrün) würfeln. Jetzt das Fleisch, Tomaten und Gemüse in die Suppe geben. Joghurt mit Mehl und Ei verquirlen, Suppe damit binden. Lammfleischsuppe mit Zitronensaft, Salz und Pfeffer abschmecken und mit gehackter Petersilie bestreut servieren.

LEBERSUPPE

Supa sa džigericom (jug.)

4 Portionen à ca. 310 kcal (1295 kJ)

375 g Lammleber (ersatzweise Rinder- oder Schweineleber), 3 Zwiebeln, 3 EL Margarine, ¾ l Fleischbrühe (Würfel), 1 kleine Dose geschälte Tomaten, 2 Knoblauchzehen, 1 Löffelspitze gerebelter Majoran, Salz, Pfeffer, evtl. 4 EL Crème fraîche.

Leber häuten, in 1½ cm breite Streifen schneiden. Zwiebeln schälen, feinhakken. 2 EL Margarine in Kasserolle erhitzen, Leberstreifen unter ständigem Wenden 3 Min. braten. Leber herausnehmen. Restliche Margarine ins Bratfett geben, Zwiebeln 5 Min. gelb dünsten. Fleischbrühe, Tomaten mit Saft, geschälten, zerdrückten Knoblauch, Majoran, Salz und Pfeffer zufügen, ca. 10 Min. bei mittlerer Hitze kochen lassen. Leberstreifen in die Suppe geben, noch 5 Min. garen lassen, nochmals abschmecken. Nach Belieben gibt sich jeder am Tisch 1 Eßlöffel Crème fraîche in die Suppe.

TOMATEN-PAPRIKA-SALAT

Salata sa paprikom i paradeisa (jug.)

4 Portionen à ca. 105 kcal (440 kJ)

2 grüne Paprikaschoten, 4 Fleischtomaten, 1 große Zwiebel, 16 schwarze Oliven (Glas), 4 Sardellenfilets. – Salatsoße: *4 EL Essig, 3 EL Wasser, 2 EL Öl, 1 Msp. Knoblauchpulver, Salz, grobgemahlener schwarzer Pfeffer.*

Paprikaschoten halbieren, entkernen, in Streifen schneiden. Tomaten in Schnitze teilen. Geschälte Zwiebel halbieren, in Streifen schneiden. Zutaten locker miteinander vermengen, Salat in Schüssel füllen, mit Oliven und Sardellenröllchen belegen. – *Salatsoße:* Zutaten verrühren, Soße über den angerichteten Salat gießen. Salat mit gehackter Petersilie bestreuen.

GURKENSALAT

Schadschik (türk.)

4 Portionen à ca. 60 kcal (250 kJ)

1 große Salatgurke. – Salatsoße: *1 Becher Naturjoghurt, 1–2 EL Crème fraîche, Salz, weißer Pfeffer, 1 kleine Zwiebel, 1–2 Knoblauchzehen, 1 grüne Peperonischote. – Kopfsalatblätter, 1 Bund Dill.*

Gewaschene Salatgurke streifig abschälen. Gurke in dünne Scheiben schneiden. – *Salatsoße:* Joghurt, Crème fraîche, Salz und Pfeffer gut verrühren. Zwiebel und Knoblauch feinhacken, Peperonischote entkernen, in feine Ringe schneiden, unter die Salatsoße mischen. Gurkenscheiben mit Salatsoße anmachen. Salat auf Kopfsalatblättern anrichten, mit reichlich feingeschnittenem Dill bestreuen.

KRAUTSALAT

Salat od kupusa (jug.)

4 Portionen à ca. 115 kcal (480 kJ)

1 kleiner Kopf Weißkraut, 1 TL Edelsüß-Paprika, 4 EL Öl.

Weißkraut putzen, waschen und auf dem Gurkenhobel sehr fein raffeln. Kraut in eine Schüssel geben und mit einem Holzstampfer kräftig zusammendrükken. Paprikapulver und Öl daruntermischen, Salat sofort servieren.

Tomaten-Paprika-Salat

Gurkensalat

AUBERGINENSALAT

Salata od plavog patličana (jug.)

4 Portionen à ca. 395 kcal (1655 kJ)

2 Auberginen (ca. 400 g), Salz, ½ Salatgurke, 200 g Mortadella in Scheiben, 1 Zwiebel, 1 EL Zitronensaft. – Marinade: *4 EL Mayonnaise, 1 Becher Naturjoghurt, Saft von 1 Zitrone, 1 zerdrückte Knoblauchzehe, 2–3 Tropfen Tabascosoße, Salz, Pfeffer, Zucker. – 1 Kästchen Kresse.*

Auberginen waschen, Stielansätze abschneiden, Früchte in 1 cm dicke Scheiben, dann in Streifen schneiden. Mit Salz bestreut 30 Min. ziehen lassen. Salatgurke schälen, Gurke sowie Mortadella in Streifen schneiden. Zwiebel feinhacken. Auberginenstreifen in wenig Wasser mit Salz und Zitronensaft 10 Min. bei geringer Hitze garen lassen, kalt abbrausen, abtropfen lassen. Zutaten locker miteinander mischen. – *Marinade:* Alle Zutaten verrühren, Marinade über den Salat gießen. 30 Min. durchziehen lassen. Vor dem Servieren mit Kresse garnieren.

UNGARISCHER SALAT

Madjarska salata (jug.)

4 Portionen à ca. 520 kcal (2175 kJ)

Je 125 g ungarische Salami und fertiger Schweinebraten, 2 Essiggurken, 1 rote Paprikaschote, 1 Pck. (300 g) TK-Erbsen, extra fein, 2 Tomaten, 1 Tasse gekochter Reis. – Salatsoße: *6 EL Olivenöl, 4 EL Essig, 1 TL Senf, ½ TL Edelsüß-Paprika, Zucker, Salz, Pfeffer. – ½ Endiviensalat.*

Salami und Schweinebraten in Streifen schneiden. Essiggurken würfeln. Paprikaschote entkernen, in Streifen teilen. Erbsen in Salzwasser 10 Min. garen, abtropfen lassen. Tomaten achteln. Alle Zutaten einschließlich Reis locker miteinander mischen. – *Salatsoße:* Zutaten verrühren, Salat damit anmachen, mindestens 30 Min. durchziehen lassen. Endiviensalat in große Stücke teilen, eine Schüssel damit auskleiden, Salat hineinfüllen. Nach Belieben mit Tomatenschnitzen garnieren.

HÄHNCHEN-NUSS-SALAT

Cerkes tavugun (türk.)

4 Portionen à ca. 555 kcal (2320 kJ)

1 TK-Hähnchen (ca. 800 g), 200 g Walnüsse, 4 Scheiben Weißbrot, Saft von 1 Zitrone, 1/2 TL Edelsüß-Paprika, Salz, Petersilie.

Aufgetautes Hähnchen in Salzwasser 45 Min. garkochen, abkühlen lassen, das Fleisch von den Knochen lösen. Walnüsse mahlen, in ein Leinentuch geben und auspressen. Das herausquellende Nußöl auffangen. Weißbrot entrinden, in Würfel schneiden, mit 2 Tassen Hühnerbrühe (vom Hähnchen) übergießen. In Stücke geschnittenes Hühnerfleisch, Walnüsse, Zitronensaft, Paprika und Salz unter das eingeweichte Brot mengen. Hühnersalat anrichten, mit dem aufgefangenen Nußöl beträufeln. Mit gehackter Petersilie bestreuen.

BLEICHSELLERIE „VINAIGRETTE"

Salata od celer (jug.)

4 Portionen à ca. 185 kcal (775 kJ)

1–2 Stauden Bleichsellerie (ca. 800 g). – Sauce Vinaigrette: *4 EL Öl, 4 EL Essig, 2 EL Kapern, 1 Zwiebel, 1/2 Bund Petersilie, 1/2 Bund Schnittlauch, 2 hartgekochte Eier, 5 Oliven, 1 EL Zucker, Salz, Pfeffer.*

Selleriestangen putzen, waschen, in 10 cm lange Stücke schneiden. Sellerie in Salzwasser 20 Min. garen, abtropfen lassen. – *Sauce Vinaigrette:* Öl und Essig verrühren. Kapern, geschälte Zwiebel, Petersilie, Schnittlauch, Eier und Oliven feinhacken, zugeben. Sauce mit Zucker, Salz und Pfeffer abschmekken. Erkaltete Selleriestücke in eine flache Schüssel legen, Salatsoße darübergießen. Salat mindestens 1 Std. durchziehen lassen. Mit Eivierteln und Petersiliensträußchen garnieren. Statt Bleichsellerie können Sie auch Knollensellerie verwenden.

HIRTENSALAT

Čobanski salat (jug.)

4 Portionen à ca. 305 kcal (1275 kJ)

Je 2 grüne und rote Paprikaschoten, 150 g Schafkäse. – Salatsoße: *1 Zwiebel, 2 Knoblauchzehen, 6 EL Öl, 3 EL Essig, Salz, grobgemahlener schwarzer Pfeffer. – 1 Zitronenscheibe, 1 schwarze Olive.*

Paprikaschoten vierteln, entkernen, in Stücke schneiden. – *Salatsoße:* Geschälte Zwiebel und Knoblauchzehen feinhacken, mit Öl, Essig, Salz und Pfeffer mischen, Paprikasalat damit anmachen. Salat in flache Schüssel füllen, grobzerbröckelten Schafkäse darüberstreuen, mit Zitronenscheibe und Olive garnieren. Reichhaltiger wird der Salat, wenn zusätzlich Streifen von scharfer Pfeffersalami untergemischt werden. Auch Oliven oder ein paar grob gehackte Walnüsse passen gut hinein.

WEISSE-BOHNEN-SALAT

Salata sa belim pasuljom (jug.)

4 Portionen à ca. 305 kcal (1275 kJ)

125 g getrocknete weiße Bohnen oder 1 große Dose weiße Bohnen, 1 Lorbeerblatt. – Marinade: *6 EL Öl, 4 EL Essig, Salz, Pfeffer, 1 Zwiebel, 1 Msp. Knoblauchpulver, 1 TL Oregano, ½ Bund Petersilie. – 2 Tomaten, 2 hartgekochte Eier.*

Getrocknete Bohnen in 1 Liter Wasser über Nacht einweichen. Am anderen Tag Bohnen im Einweichwasser mit Lorbeerblatt bei mittlerer Hitze ca. 50 Min. weichkochen, abgießen, abtropfen lassen. – *Marinade:* Öl, Essig, Salz, Pfeffer, gehackte Zwiebel, Knoblauchpulver, Oregano und gehackte Petersilie verrühren, Bohnen damit anmachen. Bohnensalat 3–4 Std. zugedeckt durchziehen lassen. Vor dem Servieren halbierte Tomaten- und Eiviertel vorsichtig unter den Salat heben, Salat evtl. nochmals abschmecken. Mit Petersiliensträußchen garnieren.

tensalat

ße-Bohnen-Salat

SPINATSALAT

Salata od spinata (jug.)

4 Portionen à ca. 170 kcal (710 kJ)

750 g frischer Spinat, 1 Zwiebel, 1 Knoblauchzehe, 1 EL Öl, 1 Becher Naturjoghurt, Salz, Pfeffer, einige Minzblättchen, 50 g gehackte Walnüsse.

Spinatblätter von den Stielen zupfen, waschen. Zwiebel und Knoblauch schälen und hacken. Nassen Spinat, Zwiebel und Knoblauch in einen Topf geben, 5 Min. bei mittlerer Hitze dünsten. Zuletzt das Öl zufügen. Spinat in eine Schüssel umfüllen, Joghurt, Salz und Pfeffer untermischen. Spinatsalat mindestens 2 Std. kalt stellen. Vor dem Servieren mit feingeschnittenen Minzblättchen und Walnüssen bestreuen.

KOPFSALAT MIT JOGHURT

Zelena salata sa jogurtom (jug.)

4 Portionen à ca. 100 kcal (420 kJ)

1–2 Kopfsalate. – Marinade: *2 Becher Joghurt, 1 TL Zucker, Saft von 1 Zitrone, 2 EL Öl, Salz, Pfeffer.*

Schadhafte Blätter vom Kopfsalat abschneiden. Salatkopf halbieren, waschen, gut abgetropft in Viertel schneiden. Salatviertel in eine Schüssel legen. – *Marinade:* Alle Zutaten miteinander verrühren, über den angerichteten Salat gießen. Evtl. noch einige Tropfen Öl darüberträufeln.

MÖHRENSALAT

Salata od schangarepe (jug.)

4 Portionen à ca. 130 kcal (545 kJ)

375 g Möhren, 1 kleine Meerrettichstange oder 2 EL geriebener Meerrettich (Glas), 1 säuerlicher Apfel, 1/2 Kopf Endiviensalat, 1 Becher saure Sahne, Saft von 1 Zitrone, 1/2 TL Zucker, Salz, Pfeffer.

Möhren, Meerrettich und Apfel schälen und auf der Rohkostreibe feinraffeln. Danach locker vermengen. Endiviensalat putzen, waschen, in grobe Stücke schneiden. Flache Schüssel mit Endiviensalat auslegen, Möhrensalat darauf anrichten. Sahne mit Zitronensaft, Zucker, Salz und Pfeffer cremigrühren, über den Möhrensalat gießen. Rohkostsalat sofort servieren.

GRIECHISCHER KARTOFFELSALAT

Crčki krompir salat (jug.)

4 Portionen à ca. 235 kcal (985 kJ)

750 g Pellkartoffeln, 1 Zwiebel, 3 Knoblauchzehen, je ½ Tasse Öl und Fleischbrühe (Würfel), 3 EL Weinessig, 1 Msp. Majoran, Salz, Pfeffer, Streuwürze, 2–3 eingelegte kleine Paprikaschoten.

Frischgekochte Pellkartoffeln schälen, noch warm durch eine Kartoffelpresse drücken. Zwiebel und Knoblauchzehen schälen und reiben. Unter Rühren Zwiebel-Knoblauchmus, Öl, Fleischbrühe, Essig und Gewürze unter die Kartoffelmasse mischen. Salat abschmecken, bergartig auf einen Teller häufen, mit Paprikaschoten umlegen. Der griechische Kartoffelsalat kann warm oder kalt serviert werden.

BOHNENSALAT „MACANICA“

Salata od buranie (jug.)

4 Portionen à ca. 275 kcal (1150 kJ)

1 große Dose weiße Bohnen, 3 Peperonis, 4 Knoblauchzehen, 1 Zwiebel, 4 EL Öl, Salz, Pfeffer.

Bohnen mit dem elektrischen Passierstab pürieren. Peperonis im Backofen bräunen, die Häute abziehen. Schoten feinwürfeln. Knoblauch und Zwiebel schälen, feinhacken. Alle Zutaten miteinander mischen, Öl darunterrühren, Bohnenpüree mit Salz und Pfeffer abschmecken.

LAUCHSALAT

Póréhagyma salata (ung.)

4 Portionen à ca. 95 kcal (395 kJ)

4 Stangen Lauch, Salz, Pfeffer, 3 EL Öl, 2 EL Weinessig.

Lauch putzen, die grünen Hüllblätter entfernen. Lauch in 3 cm lange Stücke schneiden, mit heißem Wasser überbrühen, 3 Min. stehen lassen. Wasser abgießen. Die noch warmen Lauchstücke mit Salz, Pfeffer, Öl und Essig anmachen, vor dem Servieren 20 Min. durchziehen lassen.

BULGARISCHER ZUCCHINISALAT

Salata od bugarske dolme (jug.)

4 Portionen à ca. 475 kcal (1985 kJ)

3–4 Zucchini, 1 große Zwiebel, 1/2 Tasse Weißwein, 1/2 Tasse Wasser, Salz, Streuwürze, 3 EL Öl, 3 EL Essig, weißer Pfeffer, 4 hartgekochte Eier, 200 g Paprikasalami, 1 Btl. geriebener Käse.

Zucchini waschen, Stengelansätze abschneiden. Zucchini in Scheiben schneiden. In flachen Topf gehackte Zwiebel einstreuen, Zucchinischeiben darauflegen. Wein und Wasser zugießen, mit Salz und Streuwürze bestreuen, alles zugedeckt ca. 10 Min. bei milder Hitze dünsten. Abgetropfte, erkaltete Zucchini auf flache Platte legen, mit Öl und Essig beträufeln, salzen und pfeffern. Mit Ei- und Salamischeiben abwechselnd dachziegelartig umlegen. Zucchini mit geriebenem Käse bestreuen. Weißbrot dazu reichen.

ZIGEUNERSALAT

Ziganski salata (jug.)

4 Portionen à ca. 565 kcal (2365 kJ)

375 g gekochtes Rindfleisch, 1/2 Staude Bleichsellerie, je 1 rote und grüne Paprikaschote, 1 kleine Dose weiße Bohnen, einige Kopfsalatblätter, 1 rote Zwiebel, 1 Glas gefüllte grüne Oliven. – Salatsoße: *4 EL Öl, 3 EL Essig, 4 EL Curryketchup, 1/2 TL Edelsüß-Paprika, Salz, grobgemahlener schwarzer Pfeffer.*

Rindfleisch in 1 cm große Würfel schneiden. Bleichsellerie putzen und waschen, Paprikaschoten entkernen. Beides in kleine Würfel schneiden. Rindfleisch, rohes Gemüse und Bohnen miteinander mischen. – *Salatsoße:* Alle Zutaten verrühren, Salat damit anmachen, 2–3 Std. durchziehen lassen. Danach auf Salatblättern anrichten, mit roten Zwiebelringen und halbierten Oliven garnieren. Fein dazu: Mit Knoblauch eingeriebene, knusprig getoastete Weißbrotscheiben.

garischer Zucchinisalat

SCHOPISCHER SALAT

Sopska salata (jug.)

4 Portionen à ca. 305 kcal (1275 kJ)

Je 1 rote, grüne und gelbe Paprikaschote, 3 Tomaten, 1/2 Salatgurke, 2 Zwiebeln, 1 Chilischote, 4 EL Öl, 2 EL Weinessig, Salz, Pfeffer, 1 hartgekochtes Ei, je 1/2 Bund Petersilie und Dill, 150 g bulgarischer Schafkäse.

Paprikaschoten im 180° (Gas Stufe 2) heißen Backofen solange rösten, bis die Häute platzen und das Fruchtfleisch sich weich anfühlt. Paprikas häuten, entkernen, in kleine Streifen schneiden. Tomaten ebenfalls häuten, entkernen, in Streifen teilen. Salatgurke schälen, würfeln. Zwiebeln und Chilischote in dünne Ringe schneiden. Öl, Essig, Salz und Pfeffer verrühren, feingehacktes Ei, Petersilie und Dill untermischen. Salatzutaten mit der Salatsoße anmachen, anrichten und mit zerbröckeltem Schafkäse bestreuen.

BUNTER GEMÜSESALAT

Nyári saláta (ung.)

4 Portionen à ca. 210 kcal (880 kJ)

1 kleiner Blumenkohl, je 150 g TK grüne Bohnen und Erbsen, 3–4 Tomaten. – Salatsoße: *4 EL Öl, Saft von 1/2 Zitrone, 1 TL Senf, Salz, Rosenpaprika, 1 kleine gehackte Zwiebel. – 2 hartgekochte Eier, je 1/2 Bund Schnittlauch und Petersilie.*

Blumenkohl putzen, waschen, in Salzwasser 20 Min. kernig kochen. Danach in Röschen teilen. Bohnen und Erbsen mit 1 Tasse Wasser 10–12 Min. kochen, abtropfen lassen. Tomaten vierteln. Gemüse locker mischen. – *Salatsoße:* Alle Zutaten gut verrühren, über den Salat gießen, 30 Min. durchziehen lassen. Danach Salat eventuell nachwürzen, mit Eischeiben garnieren. Gehackte Kräuter darüberstreuen.

ROHER SELLERIESALAT

Salat hasharon (türk.)

4 Portionen à ca. 190 kcal (795 kJ)

1 große Sellerieknolle, 5 EL Olivenöl, Saft von 1 Zitrone, 1 TL Senf, 2 EL Weinessig, Salz, Pfeffer, 2 hartgekochte Eier, einige Oliven.

Sellerieknolle schälen, in ganz dünne Streifen schneiden. Sofort mit Olivenöl und Zitronensaft mischen, ca. 1 Stunde stehen lassen. Senf, Essig, Salz und Pfeffer miteinander verrühren, Salat damit anmachen. Mit Eischeiben und Olivenscheiben garnieren.

KERNIGER TOMATENSALAT

Tabbouleh (türk.)

4 Portionen à ca. 185 kcal (775 kJ)

50 g Bulgur (Weizenschrot), 500 g Fleischtomaten, 2 Zwiebeln, 1 Bund Petersilie, etwas Zitronenmelisse und Pfefferminze. – Salatsoße: *½ Tasse Olivenöl, Saft von 1 Zitrone, Salz, Pfeffer.*

Bulgur mit ½ l Wasser begießen, 45 Min. quellen lassen. Dann in mit Tuch ausgelegtem Sieb abtropfen lassen, Flüssigkeit herausdrücken. Tomaten waschen, entstielen, in dünne Scheiben schneiden. Zwiebeln feinhacken, mit gehackten Kräutern mischen. – *Salatsoße:* Öl mit Zitronensaft, Salz und Pfeffer verrühren. Tomaten, Bulgur und Zwiebeln zugeben, locker miteinander mischen. Salat vor dem Servieren 10 Min. durchziehen lassen.

ORANGEN-ZWIEBEL-SALAT

Munkaczina (jug.)

4 Portionen à ca. 145 kcal (605 kJ)

4 Orangen, 2 Gemüsezwiebeln, 1 Tasse schwarze Oliven. – Salatsoße: *2 EL Olivenöl, Saft von 1 Zitrone, Salz, weißer Pfeffer, 1 Msp. gemahlener Ingwer. – 2 Zweige Pfefferminze.*

Orangen so dick abschälen, daß auch die weiße Haut entfernt ist. Orangen, geschälte Zwiebeln und entkernte Oliven in Scheiben schneiden. Auf großen Teller zuerst Orangen, dann Zwiebelringe und zuletzt Oliven schichten. – *Salatsoße:* Alle Zutaten miteinander verrühren, über den Salat träufeln. Gehackte Pfefferminzblättchen daraufstreuen.

ISTRIANISCHER HERINGSSALAT

Ribarski salat iz Istrie (jug.)

4 Portionen à ca. 665 kcal (2780 kJ)

500 g Pellkartoffeln, 5 grüne Heringe, 2 säuerliche Äpfel, 1 Glas gefüllte grüne Oliven, 2–3 eingelegte Chilischoten, 1 Dose Ölsardinen. –
Salatsoße: *1/8 l Fleischbrühe (Würfel), 1 Becher saure Sahne, 4 EL Essig, Saft von 1/2 Zitrone, 1 gehackte Zwiebel, Salz, Pfeffer, 1 Msp. Edelsüß-Paprika, 1/2 TL Majoran.*

Pellkartoffeln schälen und in Scheiben schneiden. Heringfilets von den Gräten lösen, in Stücke teilen. Geschälte Äpfel vierteln, in Scheiben schneiden. Oliven halbieren, Chilischoten feinwürfeln. Alle Zutaten (außer Ölsardinen) locker mischen. – *Salatsoße:* Heiße Fleischbrühe mit Öl (von den Ölsardinen), Sahne, Essig und Zitronensaft verrühren, mit gehackter Zwiebel und Gewürzen mischen. Salatsoße über den Salat gießen, mindestens 2 Std. durchziehen lassen. Danach nochmals abschmecken, Ölsardinen darauf verteilen. Kräftiges Bauernbrot schmeckt dazu am besten.

ROTER HERINGSSALAT

Ribarski salat (jug.)

6 Portionen à ca. 410 kcal (1715 kJ)

4–6 Heringfilets, 3 säuerliche Äpfel, 375 g Pellkartoffeln, 2 Zwiebeln, 2–3 Essiggurken, 1 kleines Glas Rote Bete, 150 g Wurst- oder gebratene Fleischreste, 2 hartgekochte Eier, 1 Röhrchen Kapern. –
Marinade: *2 EL Mayonnaise, 1 Becher saure Sahne, 2 EL Essig, 1 TL Zucker, Salz, Pfeffer. – Kopfsalatblätter, 1 hartgekochtes Ei.*

Heringfilets 1–2 Std. in Wasser legen. Äpfel, Pellkartoffeln und Zwiebeln schälen, mit übrigen Zutaten in kleine Würfel schneiden, locker mischen. – *Marinade:* Zutaten miteinander verrühren, Salat damit anmachen, mindestens 3–4 Std. durchziehen lassen. Heringssalat auf Salatblättern anrichten, mit Eischeiben garnieren.

strianischer Heringssalat

RÄUCHERFISCHSALAT

Salata od dimljen riba (jug.)

4 Portionen à ca. 400 kcal (1675 kJ)

500 g Räucherfisch (möglichst 3–4 Sorten), 1 rote Paprikaschote, 1/2 Glas Perlzwiebeln, 15 gefüllte grüne Oliven, 1 Dose eingelegte Muscheln. – Salatsoße: *2 EL Weinessig, 2 EL Olivenöl, 2 EL Wasser, 1 TL Zucker, 1 TL Edelsüß-Paprika, 1/2 TL Currypulver, 1 Löffelspitze Cayennepfeffer, Knoblauchpulver, Salz. – 2 Tomaten, 1/2 Bund Dill.*

Räucherfisch evtl. entgräten und grob zerpflücken. Entkernte Paprikaschote in Streifen schneiden. Perlzwiebeln und Oliven halbieren. Muscheln abgießen. – *Salatsoße:* Alle Zutaten gut miteinander verquirlen, über den Räucherfischsalat gießen. Salat ca. 24 Std. durchziehen lassen. Danach nochmals mit Salz und Pfeffer abschmecken, anrichten, mit Tomatenscheiben und Dillsträußchen garnieren.

GARNELENCOCKTAIL

Koktel od račića (jug.)

4 Portionen à ca. 175 kcal (730 kJ)

200 g frische oder TK-Garnelen, Saft von 1/2 Zitrone. – Cocktailsoße: *2 hartgekochte Eier, 10–12 Oliven, 2–3 kleine Essiggurken, 2 EL Perlzwiebeln, 3 EL Olivenöl, 2 EL Weinessig, Salz, Pfeffer, 1 Bund Kerbel.*

TK-Garnelen auftauen lassen, mit Zitronensaft beträufelt 15 Min. stehen lassen. – Cocktailsoße: Eigelb durch ein Sieb drücken, Eiweiß, Oliven, Gurken und Perlzwiebeln fein würfeln. Eigelb mit Öl, Essig, Salz und Pfeffer cremig rühren, Eiweiß, Gürkchen, Oliven, Zwiebeln und gehackten Kerbel unterrühren. Cocktailsoße über die Garnelen geben. Weißbrot dazu reichen.

Variation: Statt der angegebenen Cocktailsoße können Sie die Garnelen auch mit einer Sardellensoße (Rezept Seite 48) oder einer Knoblauchmayonnaise (Rezept Seite 50) überziehen. Der Cocktail bekommt dann eine besonders würzig-scharfe Note.

HIRNSALAT

Salata od mozak (jug.)

4 Portionen à ca. 350 kcal (1465 kJ)

4 Hirne (400 g, Hammel oder Lamm), 1/2 Tasse Essig, Salz, 1 Zwiebel, 2 gehäutete Tomaten, 1 Kopfsalat, 1 Gläschen Oliven, Saft von 1 Zitrone, 6 EL Olivenöl, 1/2 Bund gehackte Petersilie.

Von den Hirnen unter fließendem Wasser Häute und Blutgerinnsel entfernen. 1 Liter Wasser mit Essig und Salz aufkochen, Hirne darin 10 Min. bei mittlerer Hitze garen. Herausnehmen, abkühlen lassen. Hirne in Scheiben schneiden. Zwiebel in Ringe, Tomaten in Scheiben teilen. Kopfsalatblätter voneinander lösen, waschen, auf eine Platte legen. Nacheinander Hirn, Tomaten, Zwiebeln und Oliven darauf verteilen. Alles mit Zitronensaft und Öl beträufeln, mit Petersilie bestreuen. Dazu schmeckt kräftiges Bauernbrot.

MUSCHELSALAT

Salata od školjki (jug.)

4 Portionen à ca. 155 kcal (650 kJ)

200 g eingelegte Muscheln. – Sud: 1 Glas Weißwein, 2 EL Olivenöl, 2 EL Essig, 1/2 TL Senf, 1 Knoblauchzehe, Salz, Pfeffer. – 2 EL Tomatenpaprika (Glas), 2 hartgekochte Eier, 1 Bund frische Kräuter.

Muscheln abtropfen lassen. – *Sud:* 2 EL Muschelsud, Wein, Öl, Essig, Senf, geschälte Knoblauchzehe, Salz und Pfeffer 5 Min. kochen lassen, warm über die Muscheln gießen. Salat mindestens 2–3 Stunden zugedeckt ziehen lassen. Tomatenpaprika und Eier in kleine Würfel schneiden, Kräuter feinhacken. Muscheln anrichten, mit Paprika- und Eiwürfeln sowie Kräutern bestreuen. Mit dunklem Mischbrot oder getoastetem Weißbrot ein feiner Imbiß.

Übrigens: Bei Verwendung von frischen Muscheln die gesäuberten, geschlossenen Schalen in wenig Wasser, mit Zwiebelringen, Sellerie- und Möhrenstückchen sowie einigen Pfefferkörnern mindestens 6 Min. dünsten. Fleisch aus den Schalen lösen, wie oben beschrieben marinieren.

SARDELLENSOSSE

Sos sa srdjela (jug.)

4 Portionen à ca. 275 kcal (1150 kJ)

3 hartgekochte Eier, 1 TL Senf, Salz, 1 Msp. Rosenpaprika, Saft von 1 Zitrone, 1/2 Tasse Öl, 1 Glas Sardellenfilets (ca. 10 Stück), 1/2 Becher süße Sahne, 3 gefüllte grüne Oliven.

Eier pellen, grobgewürfelt in Mixer geben. Senf, Salz, Paprika und Zitronensaft zugeben, alles kurz verquirlen. Öl in dünnem Strahl bei Schaltstufe I untermischen. Ist die Soße cremig, 8 Sardellen und Sahne unterquirlen. Soße abschmecken, mit Sardellen und Oliven garnieren. Die würzige Sardellensoße gibt gegrilltem Fisch oder einfachen Kartoffelgerichten den richtigen Pfiff.

KRAUTSOSSE

Saltsa lakhana (griech.)

4 Portionen à ca. 140 kcal (585 kJ)

1 kleiner Kopf Weißkraut (ca. 500 g), gut 1/4 l Milch, Salz, 2 EL Butter oder Margarine, 1 EL Mehl, 1 TL Kümmel, 2 TL Zucker, Streuwürze, Pfeffer.

Weißkraut in feine Streifen schneiden. 2 Liter Wasser mit 1 Tasse Milch und Salz zum Kochen bringen, Kraut hineingeben, bei mittlerer Hitze 10–15 Min. weichkochen lassen. Danach abtropfen lassen. Aus Fett, Mehl, Milch und 1 Tasse Kochwasser eine helle Mehlschwitze bereiten, Kraut und Kümmel zugeben. Die Soße mit Zucker, Streuwürze und Pfeffer pikant abschmecken, warm servieren. Die herzhafte Krautsoße ergänzt ganze Braten, Schweinekoteletts oder gebratene Nieren.

JOGHURT-EI-SOSSE

Sos sa jogurtom i jaje (jug.)

4 Portionen à ca. 125 kcal (525 kJ)

2 Becher Naturjoghurt, 1 EL Essig, 1–2 EL Olivenöl, Salz, Pfeffer, 1–2 Tropfen Tabascosoße, 3 hartgekochte Eier, 1 Bund Petersilie.

Joghurt mit Essig, Öl, Salz, Pfeffer und Tabascosoße glattrühren. Eier pellen, halbieren, Eigelb herauslösen. Eigelb durch ein Sieb drücken. Eiweiß sehr fein hacken. Joghurtsoße mit Eigelb verrühren, Eiweiß und feingehackte Petersilie zuletzt untermischen. Zu kaltem Braten oder Moussaka.

Sardellensoße
utsoße
Joghurt-Ei-Soße

TOMATENSOSSE

Paradeis sosa (jug.)

4 Portionen à ca. 90 kcal (375 kJ)

2 Zwiebeln, 2 EL Olivenöl, 1 große Dose geschälte Tomaten, 1–2 grüne Chilischoten, je 1 TL Thymian und Basilikum, 1 Zweig frischer Thymian – falls vorhanden –, 4 EL Tomatenketchup, Salz, Knoblauchsalz.

Zwiebeln feinhacken, in Öl 5 Min. gelb dünsten. Tomaten, in Ringe geschnittene Chilischoten und Kräuter zugeben, Soße bei geringer Hitze ca. 10 Min. kochen lassen. Danach mit Tomatenketchup, Salz und Knoblauchsalz pikant abschmecken. Die Tomatensoße schmeckt heiß und kalt zu gegrillten Fisch- und Fleischgerichten gleichermaßen gut.

ZITRONENSOSSE

Saltsa ladolemono (griech.)

4 Portionen à ca. 150 kcal (630 kJ)

Saft von 2 Zitronen, 6 EL Öl, 2 EL Fleischbrühe (Würfel), ½ TL Salz, 1 TL Senf, je 1 EL gehackte Petersilie und Dill, 1 TL Minze.

Zitronensaft, Öl und Fleischbrühe verquirlen, mit Salz und Senf abschmecken. Die frisch gehackten Kräuter hineinrühren. Die Zitronensoße gibt gefüllten Weinblättern (Rezept Seite 16) oder Fleischpasteten aus Hackfleisch die richtige Würze.

KNOBLAUCHMAYONNAISE

Skordalia (griech.)

4 Portionen à ca. 325 kcal (1360 kJ)

2–3 Knoblauchzehen, Salz, 1 Chilischote, 2 Eigelb, ½ TL Paprikamark, ⅛ l Olivenöl, Edelsüß-Paprika.

Knoblauch schälen, durch eine Knoblauchpresse drücken. Knoblauch mit Salz und ganz feingehackter Chilischote, Eigelb und Paprikamark cremig rühren. Olivenöl tropfenweise zufügen. Die Masse so lange rühren, bis sie eine cremige Konsistenz aufweist. Mit wenig Paprikapulver bestäuben. Diese extrem scharfe Mayonnaise wird gerne zu gegrilltem Fisch oder auch zu Fischsuppen gereicht.

PAPRIKASOSSE

Sos sa paprike (jug.)

4 Portionen à ca. 70 kcal (295 kJ)

4 fleischige rote Paprikaschoten, 1 TL Edelsüß-Paprika, 1 Löffelspitze Rosenpaprika, 1/4 l Rotwein, Salz, Pfeffer.

Paprikaschoten unterm Grill so lange bräunen, bis die Häute platzen und das Fruchtfleisch sich weich anfühlt. Die Häute abziehen. Paprikas entkernen und feinhacken. Paprikapüree mit Paprikapulver und Rotwein verrühren, Soße mit Salz und Pfeffer abschmecken. Verleiht Gegrilltem würzige Schärfe.

MEERRETTICHSOSSE

Hren sosa (jug.)

4 Portionen à ca. 180 kcal (755 kJ)

4 Scheiben Weißbrot, 1/4 l Fleischbrühe (Würfel), 1/8 l süße Sahne, 6 TL geriebener Meerrettich, Salz, 1 Prise Zucker.

Weißbrot entrinden, grobzerpflückt in der Fleischbrühe zum Kochen bringen. Soße kräftig durchschlagen, damit sie sämig wird. Sahne und Meerrettich darunterrühren, Soße mit Salz und Zucker abschmecken. Die Meerrettichsoße begleitet warm oder kalt gekochtes Hammel- oder Rindfleisch.

Variation: So können Sie auch eine „duftende" Knoblauchsoße bereiten. Nehmen Sie dann anstelle des Meerrettichs 4–5 zerdrückte Knoblauchzehen.

KÄSESOSSE

Sos sa sirom (jug.)

4 Portionen à ca. 375 kcal (1570 kJ)

3 EL Öl, 2 EL Mehl, 1/4 l Milch, 250 g Schafkäse, Salz, Streuwürze, Muskat, 1–2 Eigelb.

Öl erhitzen, Mehl 2 Min. darin anschwitzen lassen, danach mit Milch ablöschen. Soße einmal aufkochen lassen, feinzerbröckelten Schafkäse zufügen, in der heißen Soße zergehen lassen. Käsesoße mit Salz, Streuwürze und 1 Prise Muskat abschmecken. Zuletzt mit Eigelb legieren. Die warme Käsesoße rundet gedünstete Fischgerichte oder Kartoffel- bzw. Gemüseaufläufe trefflich ab.

THUNFISCH-SPIESSE

Tun schischte (türk.)

4 Spieße à ca. 320 kcal (1340 kJ)

800 g frischer oder TK-Thunfisch. – Marinade: *3 EL Olivenöl, Saft von 1/2 Zitrone, 1/2 TL Salz, 1 TL Edelsüß-Paprika, 1 TL grobgemahlener Pfeffer, je 1 Löffelspitze Zwiebel- und Knoblauchpulver. – 2 Zitronen, 12 Lorbeerblätter, 12 frische Salbeiblätter, Olivenöl.*

Frischen Thunfisch häuten und entgräten. TK-Fisch auftauen lassen. Thunfisch in 5 cm große Würfel schneiden. Für die Marinade alle angegebenen Zutaten miteinander verrühren. Marinade über die Fischstücke gießen, Fisch zugedeckt über Nacht stehen lassen. Zitronen in Sechstel schneiden, Lorbeer- und Salbeiblätter waschen. Die marinierten Fischstücke abwechselnd mit Zitronenschnitzen, Lorbeer- und Salbeiblättern auf 4 Spieße reihen. Fischspieße mit Öl bepinseln und auf dem Holzkohlengrill oder unterm Elektrogrill auf jeder Seite etwa 4 Min. rösten. Die Fischražnjići auf Pilaw (Rezept Seite 107) anrichten und heiß servieren.

ZAHNBRASSEN VOM GRILL

Ribe na ražnju (jug.)

4 Portionen à ca. 295 kcal (1235 kJ)

8 TK-Zahnbrassen, Saft von 1 Zitrone, Salz, Pfeffer, 6 Scheiben durchwachsener Räucherspeck, 1 TL Fenchelsamen, Olivenöl.

Zahnbrassen nach Vorschrift auftauen lassen, anschließend kurz unter fließendem Wasser innen und außen säubern, mit Küchenkrepp trockentupfen. Fische innen und außen mit Zitronensaft beträufeln, 20 Min. marinieren. Danach salzen und pfeffern. Zahnbrassen und Speckscheiben abwechselnd auf 2 Spieße stecken. Fischspieße mit Fenchelsamen bestreuen, reichlich mit Öl bepinseln, auf einen geölten Rost legen und unterm vorgeheizten Grill etwa 15–20 Min. grillen, dabei wenden. Zwischendurch die Fische mehrmals mit Öl bestreichen. Fein dazu: Paprikasalat und Weißbrot.

Zahnbrassen vom Grill

Thunfischspieße

Fritierte Garnelen
(Rezept Seite 54)

FRITIERTE GARNELEN

Fritirani račići (jug.)

4 Portionen à ca. 400 kcal (1675 kJ)

1 Pck. (450 g) TK-Riesengarnelenschwänze, Salz, 2 TL Worcestersoße, 1 EL Öl. – Weinteig: *1/8 l herber Weißwein, 100 g Mehl, 1 EL Öl, 1 Löffelspitze Edelsüß-Paprika, Salz. – Mehl, Fritierfett, 1 Zitrone, Petersiliensträußchen.*

Garnelen nach Vorschrift ca. 4 Std. auftauen lassen. Danach die Schalen der Garnelen auf der Bauchseite auseinanderbrechen, Fleisch herauslösen, Schwanzflossen dranlassen. Garnelen mit Salz bestreuen, mit Worcestersoße und Öl beträufeln, ca. 1 Std. zugedeckt kühl stellen. – *Weinteig:* Wein, Mehl, Öl, Paprika und Salz zu einem Teig verquirlen. Garnelen mit Mehl bestäuben, an den Schwanzflossen durch den Teig ziehen und im 180° heißen Fritierfett ca. 2 Min. fritieren. Dabei einmal wenden, damit sie gleichmäßig bräunen. Garnelen auf Küchenkrepp abtropfen lassen, mit Zitronenscheiben und Petersiliensträußchen umlegt servieren. In Küstennähe sind die Garnelen ein beliebter Imbiß. Sie werden dort nur mit Zitrone beträufelt oder mit einer Paprikasoße (Rezept Seite 51) sowie Weißbrot gegessen (Foto Seite 53).

Ein knuspriger Tip: Petersiliensträußchen waschen, trockenschleudern und für einige Sekunden ins heiße Backfett tauchen. Die geröstete Petersilie schmeckt vorzüglich dazu.

GEGRILLTE THUNFISCHSTEAKS

Tunina na roštilju (jug.)

4 Portionen à ca. 400 kcal (1675 kJ)

4 Scheiben Thunfisch (à 250 g), Salz, Pfeffer, 8 EL Öl, 4 Scheiben Kräuterbutter (fertig gekauft).

Thunfischsteaks mit Salz und Pfeffer bestreuen, mit 4 EL Öl beträufeln, 1 Std. zugedeckt stehen lassen. Fischstücke auf geöltem Rost unterm vorgeheizten Grill ca. 10–12 Min. grillen, dabei wenden. Mit Kräuterbutter belegt servieren. Dazu schmecken Kartoffeln und Paprika-Tomaten-Gemüse.

Abwandlung: Thunfischsteaks mit Edelsüß-Paprika bestäuben, mit dünngeschnittenen Speckscheiben umwickeln und in der Grillpfanne braten. Zuletzt mit je 1 Scheibe Schafkäse belegen, Käse darauf schmelzen lassen.

MEERÄSCHEN VOM GRILL

Barbounia sti-kara (türk.)

4 Portionen à ca. 340 kcal (1425 kJ)

4 Meeräschen (à 250 g), Saft von ½ Zitrone, Salz, schwarzer Pfeffer, 4 EL Olivenöl. – Tomatengemüse: *2 Zwiebeln, 500 g Fleischtomaten, 3 EL Öl, Salz, Streuwürze, 1 Bund Petersilie.*

Meeräschen küchenfertig vorbereiten, mit dem Saft von ½ Zitrone beträufelt 20 Min. stehen lassen. Danach salzen und pfeffern. Fische mit Öl bepinseln und auf geöltem Rost unterm vorgeheizten Grill ca. 5 Min. auf beiden Seiten grillen. – *Tomatengemüse:* Zwiebeln schälen, halbieren, in Streifen schneiden. Tomaten häuten, halbieren, entkernen und vierteln. Zwiebelstreifen in Öl 3 Min. gelb dünsten, Tomaten, Salz und Streuwürze zugeben, alles 15 Min. durchkochen. Gemüse mit gehackter Petersilie mischen, auf Platte anrichten, gegrillte Meeräschen darauflegen. Reichen Sie dazu selbstgebackenes Fladenbrot (Rezept Seite 112).

Anstelle der Meeräschen können Sie selbstverständlich auch Makrelen, Zahnbrassen oder ähnliche Fische nehmen.

BUNTE FISCHRAŽNJIĆI

Fischspieße (jug.)

4 Portionen à ca. 285 kcal (1190 kJ)

600 g Fischfilet (Rotbarsch, Seelachs), Saft von 1 Zitrone, 6 EL Öl, 2 Zwiebeln, 8 kleine Tomaten, 4 Lorbeerblätter.

Zitronensaft, Öl und 1 Prise Salz verquirlen, Fischfilets 1 Std. marinieren. Fischfilets danach in 5 cm große Würfel schneiden. Zwiebeln schälen und vierteln, Tomaten waschen. Abwechselnd nacheinander Fisch, Zwiebeln, Tomaten und Lorbeerblätter auf Spieße reihen. Spieße mit der Marinade einpinseln und auf dem Grillrost oder unterm Grill 8–12 Min. grillen, dabei mehrmals wenden. Fein dazu: Tomatensoße (Rezept Seite 50) und Gurkensalat (Rezept Seite 32).

TINTENFISCHRAGOUT

Kalamarakia krassata (griech.)

4 Portionen à ca. 355 kcal (1485 kJ)

750 g kleine TK-Tintenfische, 2 Zwiebeln, 2 Knoblauchzehen, 500 g Tomaten, 5 EL Olivenöl, 1 Weinglas Weißwein, 1 kleines Glas grüne Oliven, Pfeffer, Salz, 1 TL Oregano, 1/4 l Fleischbrühe (Würfel), 2 TL Instant-Tomatensoße, 1 Bund Petersilie.

Tintenfische auftauen lassen und jeden wie folgt vorbereiten: Kopf mit Fangarmen und Innereien durch leichtes Ziehen aus dem Fischkörper herauslösen (Foto 1). Die Fangarme abschneiden, das erbsengroße, weiße Knorpelstück aus dem Fangarmansatz entfernen. Das durchsichtige Sepiaschild, das sich im Innern des Fischkörpers befindet, herausziehen (Foto 2). Haut vom Tintenfischkörper abziehen. Körper umstülpen. Körper und Fangarme gut waschen, danach in Streifen schneiden. Zwiebeln und Knoblauch schälen und feinhacken. Tomaten häuten, entkernen, vierteln. Olivenöl in Kasserolle erhitzen, Zwiebeln und Knoblauch 2 Min. gelb dünsten. Wein zugießen, 5 Min. einkochen lassen. Dann die Tintenfischstücke, abgetropfte Oliven und Tomaten zugeben, mit Pfeffer, Salz und Oregano würzen, mit Fleischbrühe aufgießen. Das Ragout zugedeckt bei milder Hitze etwa 20 Min. schmoren lassen. Soße zuletzt mit Soßenpulver binden, Ragout nochmals abschmecken. Mit gehackter Petersilie bestreut servieren. Zum Tintenfischragout reichen Sie Kardamomreis, der besonders apart schmeckt.

GEFÜLLTER TINTENFISCH

Kalamarakia yemista (griech.)

4 Portionen à ca. 375 kcal (1570 kJ)

750 g kleine TK-Tintenfische, 3 Zwiebeln, 2 Knoblauchzehen, 1 Bund Petersilie, 3 Scheiben Toastbrot, 6 EL Öl, Muskat.

Tintenfische auftauen lassen, wie im Rezept oben beschrieben vorbereiten. Die Körper jedoch nicht zerschneiden, sie werden gefüllt. – *Füllung:* Fangarme kleinschneiden. Zwiebeln und Knoblauch schälen, mit der Petersilie zusammen feinhacken. Toastbrot entrinden und zerbröseln. 2 EL Öl erhitzen, Fangarme darin anbraten, Zwiebeln und Knoblauch zugeben, 2 Min. braten. Dann Petersilie, Brösel, Salz, Pfeffer und Muskat zufügen, Masse 1 Min. braten. Fischkörper damit füllen, Öffnungen mit Holzspießchen zustecken. Fische salzen und in Öl 15 Min. bei mittlerer Hitze goldbraun braten. Zu den gefüllten Tintenfischen Tomaten-Sellerie-Gemüse servieren.

Tintenfischragout

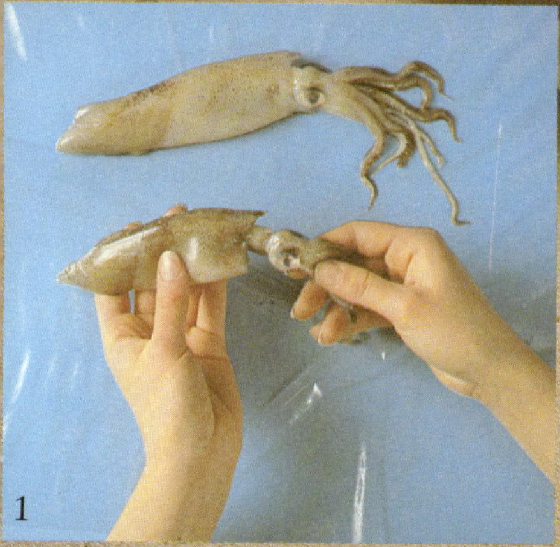

1

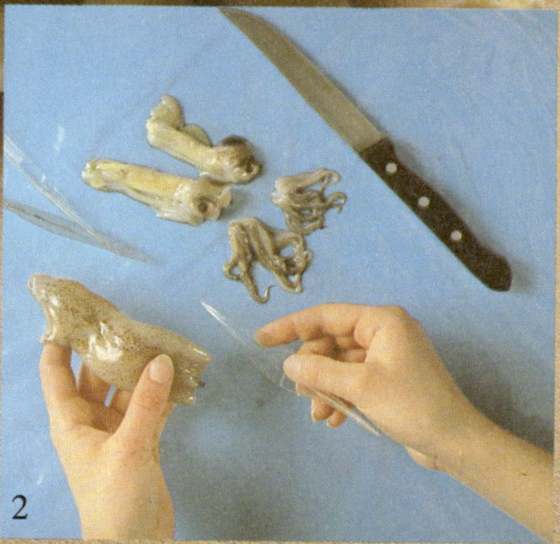

2

MAZEDONISCHE GEFÜLLTE FORELLEN

Makedonska punjene pastrmke (jug.)

4 Portionen à ca. 595 kcal (2490 kJ)

4 küchenfertig vorbereitete Forellen, Saft von 1 Zitrone, Salz, Pfeffer, 1 Pck. entsteinte Trockenpflaumen, ½ Tasse Öl, 3 Bund Petersilie, 4 Knoblauchzehen, 5 EL Weinessig, 4 Eier.

Forellen innen und außen mit Saft von ½ Zitrone beträufeln, salzen und pfeffern. Fische mit Trockenpflaumen füllen, Öffnungen mit Zahnstochern zustecken. Eine flache Kasserolle einölen, feingehackte Petersilie und Knoblauch hineinstreuen. Forellen darauflegen, mit Öl, Essig und ½ Tasse Wasser begießen. Zugedeckt im 200° (Gas Stufe 3) heißen Backofen ca. 40 Min. braten. Danach die Forellen herausnehmen und warm stellen. Kasserolle auf die Herdplatte stellen, Eier hineinschlagen und mit der Petersilienmasse verrühren. Eier stocken lassen, mit Zitronensaft beträufeln und mit den Forellen anrichten. Fein dazu: Griechischer Kartoffelsalat (Rezept Seite 39).

GEFÜLLTE MAKRELEN

Punjeni skuše (jug.)

4 Portionen à ca. 285 kcal (1190 kJ)

4 küchenfertig vorbereitete Makrelen, Saft von 1 Zitrone, Salz, Pfeffer. – Füllung: *1 Zwiebel, 1 Fenchelknolle, je 1 rote und grüne Paprikaschote, 1 Bund Petersilie, 1 Bund Dill, Streuwürze, 2 EL Margarine. –* Soße: *½ Dose Tomaten, 1 Lorbeerblatt, 1 Weinglas Wermut. – Butterflöckchen.*

Makrelen waschen, trockentupfen, mit Zitronensaft 20 Min. marinieren, salzen und pfeffern. – *Füllung:* Geschälte Zwiebel, geputzte Fenchelknolle und entkernte Paprikaschoten in sehr feine Streifen schneiden, mit gehackter Petersilie, geschnittenem Dill und Streuwürze mischen. Gemüse in Margarine 6 Min. dünsten. Makrelen damit füllen und in gleichmäßigen Abständen mit Garn umbinden. – *Soße:* Übriges Gemüse, Tomaten mit Saft und Lorbeerblatt in eine feuerfeste Form geben. Makrelen darauflegen, mit etwas Wermut beträufeln. Zugedeckt im 200° (Gas Stufe 3) vorgeheizten Backofen 30 Min. garen. Fische zwischendurch mehrmals mit Wermut beträufeln, mit Butterflöckchen belegen, noch 10 Min. ohne Deckel garen. Fische in der Form servieren. Wer mag, serviert Reis oder Kartoffeln dazu.

KARPFEN AUF SERBISCHE ART

Srpski šaran (jug.)

4 Portionen à ca. 360 kcal (1505 kJ)

1 Karpfen (ca. 1,5 kg), Saft von 1 Zitrone, Salz, Pfeffer, 6 Knoblauchzehen, 1 Bund Petersilie, 2 Stengel Selleriegrün, 6 EL Öl.

Küchenfertig vorbereiteten Karpfen mit Zitronensaft beträufelt 20 Min. stehenlassen. Danach salzen und pfeffern. Knoblauchzehen schälen und feinhakken. Petersilie und Selleriegrün ebenfalls hacken. Knoblauch, Petersilie und Selleriegrün mit 2 EL Öl mischen, etwas salzen und pfeffern. Masse in den Bauchraum des Karpfens streichen. Karpfen in einen gefetteten Bräter legen, mit Öl bepinseln und im auf 200° (Gas Stufe 3) vorgeheizten Backofen 30–40 Min. braten. Nach 10 Min. Bratzeit 1–2 Tassen Wasser zugießen, Karpfen zwischendurch mehrmals mit Saft begießen. Zum Karpfen passen Paprika-Tomaten-Gemüse und Salzkartoffeln oder Maisbrei (Rezept Seite 106).

GESCHMORTER FISCH

Psari plaki (griech.)

6 Portionen à ca. 245 kcal (1025 kJ)

1 ganzer Fisch (ca. 1–1½ kg, Seewolf, Steinbutt, Schellfisch), 3 Zitronen, Salz, Pfeffer, 6 Zwiebeln, 2 Knoblauchzehen, 500 g Tomaten, 5 EL Öl, 1 EL Tomatenmark, 2 Bund Petersilie, 2 TL Oregano, 1 Prise Zucker, ¼ l Weißwein.

Fisch küchenfertig vorbereiten, innen und außen mit Saft von 1 Zitrone beträufeln. Ca. 20 Min. stehenlassen, salzen und pfeffern. Inzwischen Zwiebeln und Knoblauch schälen, Zwiebeln würfeln, Knoblauch zerdrücken. Tomaten häuten, in Scheiben schneiden. Zwiebeln und Knoblauch in Öl gelb dünsten, Tomatenscheiben, -mark, gehackte Petersilie, Oregano, Zucker, Salz, Pfeffer und Weißwein zugeben, alles 15 Min. bei mittlerer Hitze durchschmoren lassen. Fisch in gefettete längliche, feuerfeste Form legen, Tomatenplaki darüber verteilen. Zitronenscheiben dachziegelartig darauflegen. Form mit Deckel oder Alufolie zudecken, Fisch im 250° (Gas Stufe 5) heißen Backofen ca. 25 Min. schmoren. Weißbrot und grünen Salat mit Joghurtmarinade (Rezept Seite 38) dazu reichen.

SARDINEN AUF JUGOSLAWISCHE ART

Sardine na jugoslovenski način (jug.)

4 Portionen à ca. 235 kcal (985 kJ)

12–16 frische oder TK-Sardinen, Saft von 2 Zitronen, Salz, Pfeffer, 1/3 Tasse Olivenöl. – Tomaten: *1 Zwiebel, 2 Knoblauchzehen, 2 EL Butter oder Margarine, 500 g Fleischtomaten, 4 frische Thymianzweige, 1 Zitrone.*

Frische Sardinen schuppen und ausnehmen. TK-Sardinen auftauen lassen. Die Köpfe von den Fischen abtrennen, Sardinen waschen und trockentupfen. Fische mit Zitronensaft beträufelt 20 Min. stehenlassen. Danach salzen und pfeffern. In erhitztem Olivenöl beidseitig 8–10 Min. braten. – *Tomaten:* Geschälte Zwiebel und Knoblauchzehen feinhacken, in Butter oder Margarine 2 Min. gelb dünsten. Tomatenscheiben und Thymianzweige zugeben, 4–5 Min. bei geringer Hitze braten. Tomatenscheiben auf Tellern anrichten, gebratene Sardinen darauf legen. Mit halbierten Zitronenscheiben garnieren. Dazu gibt's körnig gekochten Reis oder frisches Weißbrot.

GEGRILLTE GOLDBRASSEN

Zlatni grgeč na roštilju (jug.)

4 Portionen à ca. 275 kcal (1150 kJ)

4 Goldbrassen (à 250 g), Saft von 2 Zitronen, Salz, Pfeffer, Mehl, Öl, evtl. frische Brunnenkresse. – Marinierte Oliven: *1 Zwiebel, 1 Glas grüne Oliven, mit Paprika gefüllt, Salz, Pfeffer, 2 EL Weinessig, 2 EL Olivenöl, 1 Bund gehackte Petersilie.*

Die vorbereiteten Goldbrassen unter fließendem Wasser waschen, mit Küchenkrepp trockentupfen. Fische innen und außen mit Zitronensaft beträufeln, leicht salzen und pfeffern, in wenig Mehl wenden. Goldbrassen in einer geölten Grillpfanne auf jeder Seite 8–10 Min. rösten. Fische auf vorgewärmter Platte anrichten, mit Brunnenkresse garnieren. – *Marinierte Oliven:* Zwiebel schälen, sehr fein hacken. Oliven in Scheiben schneiden, mit Zwiebel, Salz, Pfeffer, Weinessig, Öl und Petersilie anmachen. Außerdem schmecken folgende Soßen dazu: Tomatensoße und Knoblauchmayonnaise (beide Rezepte auf Seite 50).

Sardinen auf jugoslawische Art

Gegrillte Goldbrassen

HECHT MIT GEMÜSEPÜREE

Guivechi (griech.)

4 Portionen à ca. 340 kcal (1425 kJ)

4 Scheiben Hecht (à 250 g), Salz, Pfeffer, 2 Zwiebeln, 2 Knoblauchzehen, 4 Karotten, 3 Stangen Bleichsellerie, 4 EL Olivenöl, 1 EL Thymian, 1 Bund gehackte Petersilie, 1/2 TL Koriander, gestoßen, 1 Msp. Piment, 1/2 Tasse Weißwein, 2 EL Tomatenmark, 1/2 TL Zucker, Saft von 1 Zitrone, 200 g TK grüne Erbsen, extra fein, 1/2 Tasse Sultaninen.

Hechtscheiben beidseitig mit Salz und Pfeffer würzen. Zwiebeln, Knoblauch und Gemüse schälen bzw. putzen und im Mixer pürieren. Gemüsepüree in Öl 2 Min. andünsten, Gewürze und Wein zugeben, unter Rühren 5 Min. kochen lassen. Dann Tomatenmark, Zucker, Zitronensaft und 2 Tassen Wasser zugeben, Soße aufkochen lassen. Erbsen und Sultaninen zufügen, Püree zugedeckt bei geringer Hitze 15 Min. schmoren. Fischstücke in geölte Auflaufform legen, mit Gemüsesoße übergießen. Das Fischgericht zugedeckt im Backofen bei 180° (Gas Stufe 2) 45 Min. backen. Dazu ißt man Weißbrot und grünen Salat.

UNGARISCHE FISCHPFANNE

Serpenyos hal magyarossan (ung.)

4 Portionen à ca. 370 kcal (1550 kJ)

750 g Fischfilet (Dorsch, Schellfisch), Saft von 1 Zitrone, Pfeffer, Salz, 2 Zwiebeln, je 1 rote und grüne Paprikaschote, 1 Stange Lauch, 3 EL Olivenöl, 1 Tasse Langkornreis, 4 Tassen Fleischbrühe (Würfel), 1 TL Oregano, 1 TL Edelsüß-Paprika.

Fischfilet in portionsgroße Stücke teilen, mit Zitronensaft beträufeln, 20 Min. stehen lassen. Anschließend salzen und pfeffern. Zwiebeln in Streifen schneiden, Paprikaschoten entkernen, in grobe Stücke teilen. Lauch putzen, in Ringe schneiden. Gemüse in erhitztem Öl 5 Min. anbraten, Reis zugeben, 1 Min. mitbraten. Fleischbrühe, Oregano und Paprika zufügen, einmal aufkochen lassen. Fischstücke auf den Gemüsereis legen, alles zugedeckt bei geringer Hitze 20 Min. garen.

UNGARISCHER FISCHHACKBRATEN

Sult vagdalthal magyarossan (ung.)

4 Portionen à ca. 470 kcal (1965 kJ)

750 g Fischfilet (Kabeljau, Schellfisch, Seelachs), 2 Brötchen, 1 Zwiebel, 5 EL Margarine, 1 Ei, 1 EL gehackte Petersilie, 1 EL Dill, 1 TL Edelsüß-Paprika, 1 Msp. Chilipulver, 2–3 Sardellenfilets, Salz, Pfeffer, Semmelbrösel, 1 Becher saure Sahne, 2–3 TL Instant-Tomatensoße.

Fischfilet durch die grobe Scheibe des Fleischwolfs drehen. Brötchen einweichen, ausdrücken, ebenfalls durchdrehen. Zwiebel hacken, in 2 EL Fett 3 Min. gelb dünsten. Fisch, Brötchen, Zwiebel, Ei, Kräuter, Gewürze und feingehackte Sardellenfilets zu einem Teig verkneten. Masse zu einem länglichen Laib formen, in Semmelbröseln wenden. Hackbraten in die gefettete Fettpfanne des Backofens legen, mit flüssiger Margarine beträufeln. Braten im 200° (Gas Stufe 3) vorgeheizten Backofen ca. 40 Min. braten. Nach 20 Min. Garzeit Sahne darübergießen. Fischfond mit Wasser auf 1/4 Liter auffüllen, mit Soßenpulver binden, aufkochen lassen. Hackbraten in Scheiben schneiden, auf Platte anrichten, mit Soße umgießen. Besonders lecker schmeckt frisches Gurkengemüse dazu.

HECHT MIT STEINPILZEN

Štuka sa pečurkama (jug.)

4 Portionen à ca. 460 kcal (1925 kJ)

1 ganzer Hecht (ca. 1200 g), Saft von 1 Zitrone, Salz, Pfeffer, 1/4 l Weißwein, 500 g Steinpilze, 1 Zwiebel, 2 EL Margarine, 1 TL Edelsüß-Paprika, 1–2 Becher süße Sahne, 2 EL Instant-Helle Soße.

Küchenfertig vorbereiteten Hecht mit Zitronensaft beträufelt 20 Min. stehenlassen, danach salzen und pfeffern. Weißwein und 1 Tasse Wasser in Topf geben, Fisch hineinlegen, 20 Min. bei geringer Hitze garen. Inzwischen Pilze putzen, waschen und in Scheiben schneiden. Zwiebel schälen, feinhacken. Zwiebel in Fett gelb dünsten, Pilze zugeben, 12 Min. unter Rühren braunrösten. Mit Paprika bestäuben. Fischsud und 2/3 der Sahne zu den Pilzen gießen, 3 Min. einkochen lassen, mit Soßenpulver binden. Hecht in gefettete Form legen, mit Pilzsoße und der restlichen Sahne übergießen, im 180° (Gas Stufe 2) heißen Backofen 15 Min. überbacken. Beilage: Salzkartoffeln.

MUSCHELRAGOUT „DUBROVNIK"

Ragu od školjaka „Dubrovnik" (jug.)

4 Portionen à ca. 280 kcal (1170 kJ)

2 Gläser (à 200 g) Pfahlmuscheln in Marinade, 2 Zwiebeln, 2 Knoblauchzehen, 2 EL Olivenöl, 1 große Dose geschälte Tomaten, 1 TL Basilikum, Pfeffer, Selleriesalz, Zitronensaft, 150 g Schafkäse, 4 Limonenscheiben.

Pfahlmuscheln abtropfen lassen, Marinade aufheben. Zwiebeln und Knoblauch schälen, feinhacken. Öl erhitzen, Zwiebeln und Knoblauch 3 Min. gelb dünsten. Tomaten mit Saft, Muschelmarinade und Basilikum zugeben, alles 10 Min. bei mittlerer Hitze durchkochen. Tomatensoße mit Pfeffer, Selleriesalz und einigen Tropfen Zitronensaft abschmecken. Muscheln in der Soße 5 Min. erhitzen. Muschelragout in 4 feuerfeste Schälchen verteilen, zerbröckelten Schafkäse darüberstreuen. Unterm vorgeheizten Grill überbacken. Mit Limonenscheiben garnieren.

FISCHROULADEN „SPLIT"

Riblje sarme „Split" (jug.)

4 Portionen à ca. 475 kcal (1985 kJ)

8 dünne Goldbarschfilets (à ca. 125 g), Saft von 2 Zitronen, Salz, Pfeffer, 1 Ds. (200 g) Garnelen, 16 große Kopfsalatblätter, Muskat, 1 Zwiebel, 2 EL Margarine, 1/4 l Weißwein, 1/2 Becher süße Sahne, 2 TL Instant-Helle Soße, 2 Eigelb, 1 eingelegte rote Paprikaschote.

Goldbarschfilets mit Saft von 1 Zitrone 20 Min. marinieren. Danach salzen und pfeffern. Garnelen abtropfen lassen. Kopfsalatblätter waschen, 30 Sek. in heißes Salzwasser tauchen, auf Arbeitsplatte je 2 Salatblätter nebeneinander legen. Darauf je 1 Fischfilet und einige Garnelen legen. Rouladen fest zusammenrollen, mit Muskat bestäuben. Zwiebelwürfel, Margarine und Weißwein in flachen, breiten Topf geben. Fischrouladen hineinlegen und bei geringer Hitze ca. 25 Min. zugedeckt dünsten. Danach die Rouladen herausnehmen und warm stellen. Fischsud mit Sahne und Soßenpulver einmal kurz aufkochen, 3 Min. kochen lassen. Soße mit Eigelb legieren, abschmecken. Fischsoße um die Rouladen gießen, Rouladen mit Zitronenscheiben, Paprikastreifen und Garnelen garnieren. Dazu: Safranreis oder Salzkartoffeln.

Muschelragout „Dubrovnik“

Fischrouladen „Split“

FISCHGULASCH SZEGEDINER ART

Szegedi halaslé (ung.)

4 Portionen à ca. 320 kcal (1340 kJ)

750 g Fischfilet (Kabeljau, Rotbarsch), Saft von 1 Zitrone, Pfeffer, Salz, 1 große Zwiebel, 2 EL Olivenöl, 1 Ds. Tomatenmark, 1/1 Ds. Sauerkraut, je 1 Tasse Fleischbrühe (Würfel) und Weißwein, 6 Wacholderbeeren, 1 Lorbeerblatt, Streuwürze, 1 TL Edelsüß-Paprika, 1/2 TL Rosenpaprika, 1 Löffelspitze gemahlener Kümmel, 1/2 Becher saure Sahne.

Fischfilet in 4 cm große Würfel schneiden, mit Zitronensaft 20 Min. marinieren. Danach pfeffern und salzen. Zwiebel schälen, würfeln, in Öl 3 Min. gelb dünsten. Tomatenmark zugeben, kurz anschwitzen. Grobzerpflücktes Sauerkraut, Fleischbrühe, Weißwein und Gewürze zugeben, umrühren, 20 Min. bei geringer Hitze dünsten. Fischstücke darauflegen, zugedeckt 15 Min. mitgaren. Fischgulasch mit Sahne verfeinern. Kartoffeln dazu reichen.

MARINIERTER FISCH

Psari jachni (griech.)

4 Portionen à ca. 360 kcal (1505 kJ)

800 g Fischfilet (Goldbarsch, Kabeljau), Saft von 1 Zitrone, Salz, Mehl, Backfett. – Marinade: *1 große Zwiebel, 2 Knoblauchzehen, 1 Zitrone (ungespritzt), 1/2 Tasse Weißwein, 6 EL Weinessig, je 1 TL Oregano und Edelsüß-Paprika, 1 Zweig frischer Rosmarin, 1 Lorbeerblatt, 4 Pfefferkörner, 1 Prise Zucker. – 1 Bund Petersilie, 2 EL Pinienkerne oder Walnüsse.*

Fischfilet in 3 cm breite Längsstreifen schneiden, mit Zitronensaft und Salz 20 Min. marinieren. Danach trockentupfen, beidseitig in Mehl wenden und in 180° heißem Backfett (möglichst Olivenöl) 2–3 Min. goldgelb fritieren. Fischstücke auf Küchenkrepp abtropfen lassen. – *Marinade:* 2 EL vom Fritierfett, hauchdünn geschnittene Zwiebelringe, Knoblauchzehen und Zitronenscheiben mit Weißwein, Essig, 1/2 Tasse Wasser und Gewürzen einmal aufkochen, abkühlen lassen. Knoblauchzehen herausnehmen. Fischstücke in eine Schüssel legen, mit Marinade übergießen, 12–14 Std. zugedeckt durchziehen lassen. Vor dem Servieren mit feingehackter Petersilie und Nüssen bestreuen. In südlichen Ländern ißt man den Fisch als Vorspeise oder Imbiß mit Brot. Mit Spinatreis (Rezept Seite 92) ist das Gericht ein leichtes Sommeressen.

GARNELENPILAW

Karidesli pilav (türk.)

4 Portionen à ca. 470 kcal (1965 kJ)

750 g frische oder TK-Garnelen, 1 Zwiebel, 1 Möhre, 1 Bund Petersilie, Salz, 3 EL Öl, 150 g Langkornreis, 1 Dose Tomatenmark, 1/4 l Weißwein, 1 Tasse Fleischbrühe (Würfel), 1 Btl. geriebener Käse.

Frische Garnelen waschen, in leichtem Salzwasser 8 Minuten kochen, herausnehmen, Fischfleisch aus den Schalen lösen. Zwiebel und Möhre schälen, in kleine Würfel schneiden. Petersilie feinhacken. Öl in Kasserolle erhitzen, Gemüse und Petersilie 5 Min. andünsten. Garnelen, Reis und Tomatenmark zugeben, unter Rühren 3 Min. dünsten. Danach mit Wein und Fleischbrühe auffüllen. Pilaw bei geringer Hitze 20 Min. garziehen lassen. Zuletzt mit Salz und Pfeffer abschmecken und mit geriebenem Käse bestreuen. Als Beilage frische Salate reichen.

FISCHĆEVAPČIĆI

Fischhackfleischröllchen (jug.)

4 Portionen à ca. 255 kcal (1065 kJ)

750 g Fischfilet (Kabeljau, Schellfisch), Saft von 1 Zitrone, 2 altbackene Brötchen, 1–2 Eier, 1 EL Speckwürfel, 1 Zwiebel, 1/2 Bund gehackte Petersilie, Salz, weißer Pfeffer, Edelsüß-Paprika, Muskat, 3 EL Öl.

Fischfilet mit Zitronensaft beträufeln, 30 Min. ins Gefrierfach des Kühlschranks stellen. Das sehr kalte Fischfleisch durch die feine Scheibe des Fleischwolfs drehen. Eingeweichte, gut ausgedrückte Brötchen sowie Zwiebel ebenfalls durchdrehen. Fischmasse mit Brötchen, Eiern, Speckwürfeln, Petersilie und Gewürzen gut vermischen. Die Masse darf ruhig etwas scharf schmecken. Aus der Fischfarce daumendicke, 5 cm lange Röllchen formen. Ćevapčići auf geöltem Grillrost rundum ca. 6 Min. braten, zwischendurch mehrmals mit Öl bepinseln und wenden. Beilagen dazu sind Sardellensoße (Rezept Seite 48) sowie Tomaten-Paprika-Salat (Rezept Seite 32).

Unser Tip: Ćevapčići mit Tomaten-, Zwiebel- und Paprikastückchen abwechselnd auf Spieße reihen und grillen.

ĆEVAPČIĆI

Hackfleischröllchen (jug.)

4 Portionen à ca. 595 kcal (2490 kJ)

800 g Rindfleisch (Kenner verwenden vier verschiedene Sorten: je 200 g von Schulter, Brust, Bauch und Hals), knapp 1 EL Salz, 1 große Zwiebel, Öl.

Rindfleisch durch die feine Scheibe des Fleischwolfs drehen. Masse mit Salz und feingehackter Zwiebel gut durcharbeiten. Danach nochmals durch den Fleischwolf drehen. (Kaufen Sie das Fleisch schon durchgedreht, sollten Sie es mindestens 5–10 Min. sehr kräftig durchkneten. Erst dadurch bekommt die Masse die richtige Beschaffenheit.) Aus der Masse ca. 32 fingerlange, gut daumendicke Röllchen formen. Ćevapčići nebeneinander auf eine Platte legen, mit Alu- oder Haushaltsfolie zudecken und am besten über Nacht an die kälteste Stelle im Kühlschrank stellen. Am anderen Tag werden die Hackfleischröllchen auf dem geölten Grillrost über Holzkohlenfeuer, unterm Grill oder in einer Grillpfanne knusprig braun gegrillt. Das dauert 8–10 Min. Während des Grillens müssen die Ćevapčići mehrmals gewendet werden, damit sich der Fleischsaft im Innern gut verteilt und die Hackfleischröllchen saftig bleiben. Serviert werden Ćevapčići stets mit dünn geschnittenen Zwiebelringen, die nach Belieben mit Paprika bestäubt sind. Auch leicht gepfefferte Paprikaringe und Tomatenschnitze schmecken dazu.

Anmerkung: Einfacher geht das Grillen, wenn Sie je 5–6 Stück auf einen Spieß stecken, mit wenig Öl bepinseln und die Ćevapčići auf dem Drehspieß des Grills 8–10 Min. rösten. Werden die Ćevapčići nicht als Hauptgericht gereicht, steckt man sie fertig gebraten auf Spießchen und serviert sie zu Bier und scharfen Getränken.

Ćevapčići-Variationen

Außer dem Grundrezept für Ćevapčići sind in den Balkanländern viele Variationen bekannt. Beinahe jeder Landstrich bevorzugt andere Fleischsorten oder Gewürze. Mal werden Ćevapčići aus Hammel-, Schweine- oder gar Wildfleisch hergestellt, mal werden die verschiedensten Gewürze dazu verwendet. Die Vorbereitung der Farce bleibt jedoch immer dieselbe.

800 g mageres Rindfleisch, 3–4 Knoblauchzehen, 1 Peperoni, 1 TL Salz.

500 g mageres Schweinefleisch, 150 g mageres Rindfleisch, 100 g durchwachsener Räucherspeck, 2 getrocknete Chilischoten oder 1 TL Chilipulver, 2–3 Knoblauchzehen, 1 TL schwarzer Pfeffer, 1 EL Majoran, 1 TL Salz.

500 g Rindfleisch, 250 g Lammfleisch, 1 große Zwiebel, 2–3 Knoblauchzehen, 1 TL Pfeffer, 1 TL Salz.

750 g Wildfleisch (Reh, Hase), 50 g durchwachsener Räucherspeck, 1 große Zwiebel, 1 Knoblauchzehe, 1 TL Salz, 1 TL schwarzer Pfeffer.

Ćevapčići

Ražnjići (Rezept Seite 71)

Hackfleischspieß (Rezept Seite 70)

PLJESKAVICA

Frikadellen (jug.)

4 Portionen à ca. 355 kcal (1485 kJ)

Je 300 g Schweine- und Kalbfleisch, 2 mittelgroße Zwiebeln, 2 entkernte grüne Pfefferschoten, 1 TL Salz, ½ TL Pfeffer, Öl.

Die Herstellung der Farce erfolgt auf dieselbe Weise wie für Ćevapčići (Rezept Seite 68) angegeben. Gut durchgearbeitete Farce etwa 2 Std. kalt stellen. Aus der Masse 1 cm dicke, etwa handtellergroße Fladen formen, diese zugedeckt über Nacht kühl stellen. Am anderen Tag Pljeskavica auf geöltem Rost oder in einer Grillpfanne auf beiden Seiten je 6–8 Min. grillen. Die knusprig gebratenen Pljeskavicas werden, wie Ćevapčići auch, mit einem Berg feingehackter Zwiebeln gereicht. Außerdem gibt man Duveč (Rezept Seite 106), bunte Gemüse oder Salate dazu.

Statt Schweine- und Kalbfleisch zu verwenden, bietet sich auch Lammfleisch an. Passende Gewürze sind dann außer Salz, Pfeffer und Zwiebeln, Knoblauch, Paprikapulver sowie Thymian oder Rosmarin.

HACKFLEISCHSPIESS

Mešano meso na ražnju (jug.)

4 Spieße à ca. 615 kcal (2575 kJ)

800 g mageres Lammfleisch, 1 mittelgroße Zwiebel, je ½ TL Salz und schwarzer Pfeffer, 3 Eigelb, 1 Kapsel Safran, in 1 EL Wasser gelöst, 1 Msp. Zimt. – Öl zum Bepinseln.

Lammfleisch durch die feine Scheibe des Fleischwolfs drehen, mit feingehackter Zwiebel, Salz und Pfeffer mischen, Farce 30 Min. stehen lassen. Anschließend die übrigen Zutaten untermischen, Masse 5–10 Min. durchkneten. Farce in 4 Teile teilen. Jede Portion zu einer langen, 3 cm dicken Rolle formen. Durch jede Rolle der Länge nach einen abgeflachten oder runden Metallspieß stecken. Fleischrollen rundum mit Öl bepinseln, auf geöltem Grillrost unter ständigem Wenden 8–10 Min. braun rösten. Mit mit Paprika bestäubten Zwiebelringen garnieren. Fladenbrot (Rezept Seite 112) und eingelegtes Gemüse (Rezepte Seiten 127–130) schmecken prima dazu.

RAŽNJIĆI

Fleischspieße (jug.)

4 Spieße à ca. 500 kcal (2090 kJ)

Je 375 g Schweinefilet und Lammfleisch, 6 El Öl, Knoblauchpulver, Streuwürze, Salz, Pfeffer, je 1 rote und grüne Paprikaschote, 2 Zwiebeln.

Schweinefilet und Lammfleisch in 3 cm große Würfel schneiden. Fleisch mit Öl beträufeln, mit Knoblauchpulver, Streuwürze, Salz und Pfeffer würzen, 30 Min. zugedeckt stehen lassen. Inzwischen Paprikaschoten entkernen, in Stücke schneiden. Paprika in wenig Wasser mit Streuwürze 5 Min. dünsten. Zwiebeln schälen, vierteln. Auf 4 Spieße abwechselnd Fleisch, Paprika und Zwiebeln stecken, Spieße mit Öl bepinseln. Ražnjići auf geöltem Grillrost oder in der Grillpfanne rundum etwa 8–12 Min. grillen. Als Beilagen Reis und Salate reichen.

Ražnjići-Variationen

Die leckeren Fleischspießchen lassen sich mit immer wieder anderen Zutaten abwechslungsreich gestalten. Die Vor- und Zubereitungsweise bleibt jedesmal dieselbe. Wichtig nur, das gewürfelte Fleisch sollte vor dem Grillen etwa 30 Min. in eine Ölmarinade gelegt werden. Hier einige Vorschläge für die Zusammenstellung:

375 g Lammfleisch, 2 Rinder- oder Kalbsnieren, 1 Scheibe (100 g) durchwachsener Räucherspeck, 2 grüne Paprikaschoten (5 Min. gedünstet), 8–12 Champignonköpfe. – *Marinade:* 3 EL Öl, Saft von 1 Zitrone, Salz, Pfeffer, 1 TL Thymian oder Rosmarin.

600 g Kalbfleisch, 1 Scheibe (100 g) durchwachsener Räucherspeck, 2 Zwiebeln, 2 Essiggurken, 1 rote Paprikaschote (5 Min. gedünstet), 12 schwarze Oliven. – *Marinade:* 6 EL Öl, 1 TL Rosenpaprika, 1 TL Dillsamen, Salz, weißer Pfeffer.

250 g Lammfleisch, 250 g Kalbsleber, 2 Kalbsnieren, 2 grobe Bratwürste, 2 Tomaten, 1 Zucchini. – *Marinade:* 4 EL Öl, Saft von ½ Zitrone, 1 TL Salbei, Salz, schwarzer Pfeffer.

375 g Hähnchenschnitzel, 250 g Putenleber, 1 Scheibe (100 g) Räucherspeck, 2 Bananen, 1 Zitrone (ungespritzt). – *Marinade:* 3 EL Öl, Saft von 1 Zitrone, 1 gehäufter TL Curry, einige Tropfen Worcestersoße, Salz, Pfeffer.

FLEISCH AM SPIESS

Döner kebab (türk.)

Das bekannte und äußerst wohlschmeckende Spießfleisch ist bei uns nicht ganz leicht nachzumachen, dennoch wollen wir es Ihnen nicht vorenthalten. Denn bestimmt erinnern sich alle, die diese Länder schon bereist haben, an den verlockenden Duft nach Holzkohlenfeuer und gebratenem Fleisch, der die Straßen durchzieht. An allen Ecken stehen kleine Imbißstände, an denen Döner kebab und andere Grillspezialitäten, in knusprige Weißbrotfladen verpackt, angeboten werden. Zur Zubereitung von Döner kebab ist ein spezieller, senkrecht stehender Grill erforderlich. Diese Grills gibt's, mit Gas beheizt, bei uns zu kaufen. Die verwendete Fleischmenge sollte nicht unter 2 kg Fleisch liegen. Sonst trocknet das Fleisch während des Grillens zu stark aus, das Döner kebab schmeckt nicht mehr zart und saftig. Das marinierte Fleisch muß sehr sorgfältig auf den Spieß gesteckt werden.

12 Portionen à ca. 440 kcal (1840 kJ)
Je 750 g gut abgehangenes Rind-, Kalb- und Hammelfleisch. –
Marinade: *3–4 Zwiebeln, 2 l Milch, 1/4 l Öl,*
2 gehäufte EL Tomatenmark, 1 EL Salz, 1 EL grobgemahlener Pfeffer.

Das Fleisch vom Metzger in 3 mm dicke, gleichmäßige Scheiben schneiden lassen. Fleischscheiben dachziegelartig in eine Form oder Schüssel legen. – *Marinade:* Zwiebeln schälen und auf der Rohkostraffel feinreiben. Zwiebelmus mit Milch, Öl, Tomatenmark, Salz und Pfeffer gut verrühren. Diese Marinade über das Fleisch gießen, sie sollte das Fleisch gerade bedecken. Das marinierte Fleisch mindestens 24 Stunden zugedeckt kühl stellen. Danach Fleischscheiben auf ein Sieb geben, Marinade gut abtropfen lassen. Jetzt die Fleischscheiben von 10 bis 15 cm Durchmesser rund schneiden. Abgeschnittene Fleischreste durch den Fleischwolf drehen. Aus der Hackfleischmasse ebenfalls sehr dünne Scheiben formen. So wird der Spieß besteckt: Auf den senkrecht stehenden Grillspieß abwechselnd Fleisch- und Hackfleischscheiben reihen. Zuerst die im Durchmesser kleineren, dann die großen, dann wieder die kleineren Scheiben dicht aufeinanderschichten. Grillspieß senkrecht einspannen und das Fleisch bei ständigem Drehen braunrösten. Ist die oberste Schicht knusprig braun, wird diese mit einem langen Messer rundum in dünne Streifen von oben nach unten abgeschält und serviert. Das darunterliegende Fleisch bräunt nach und wird Schicht für Schicht heruntergeschnitten.

Fleisch am Spieß

Serviervorschläge für Döner kebab:

Grillfleisch mit reichlich dünngeschnittenen, mit Paprikapulver bestäubten Zwiebelringen anrichten. Fladenbrot (Rezept auf Seite 112) dazu reichen (Foto Seite 73, 1).

Kleine Stücke Fladenbrot (Rezept Seite 112) nebeneinander auf einen Teller legen. Pro Portion ½ Becher Joghurt mit 1 zerquetschten Knoblauchzehe und Salz verrühren, Soße übers Brot gießen. Grillfleisch daraufhäufen, einige Eßlöffel Tomatensoße (pro Portion je 1 EL Tomatenmark, Öl und Wasser aufkochen, mit Salz und Chilipulver scharf abschmecken) darüberträufeln (Foto Seite 73, 2).

Zum Grillfleisch Duveč (Rezept Seite 106) und eingelegte Paprikaschoten servieren (Foto Seite 73, 3).

GRILLTELLER

Mešano meso na roštilju (jug.)

4 Portionen à ca. 815 kcal (3410 kJ)

4 Lammkoteletts, 2 Lamm- oder Kalbsnieren. – Spießchen: *je 200 g Schweine- und Kalbfleisch.* – Ćevapčići: *350 g Rinderhack, 1 TL Edelsüß-Paprika, Salz.* – Marinade: *5 EL Öl, grobgemahlener Pfeffer, 1 TL Thymian, ½ TL Edelsüß-Paprika. – 4 Tomaten, 4 längliche Paprikaschoten, 4 Petersiliensträußchen.*

Spießchen: Schweine- und Kalbfleisch in 3 cm große Würfel schneiden, abwechselnd auf Holzspießchen reihen. – *Marinade:* Öl mit den Gewürzen verrühren. Lammkoteletts und Spießchen damit bepinseln, 30 Min. stehen lassen. – *Ćevapčići:* Rinderhack mit Paprika und Salz vermischen. Aus der Masse 8 Röllchen formen, diese etwas flachdrücken. – Nieren längs in Scheiben schneiden. Tomaten oben kreuzweise einschneiden, mit Salz bestreuen. – Alle Grilladen, einschließlich Tomaten und Paprikaschoten, mit der Marinade bepinseln, auf den Grillrost legen und rundum braun grillen. Die Grillzeit beträgt zwischen 6–10 Min. Zwischendurch die Grilladen mehrmals mit Ölmarinade bestreichen und wenden. Fleischsorten, Tomaten und Paprikaschoten auf Tellern anrichten, mit Petersiliensträußchen garnieren. Gemüse (Bohnen, Erbsen, Karotten, Champignons) dazu reichen.

LAMMKOTELETTS VOM GRILL

Jagnjeće krmenadle sa roštilja (jug.)

4 Portionen à ca. 500 kcal (2090 kJ)

8 Lammkoteletts à ca. 80 g, 1 Zwiebel, 2 Knoblauchzehen, 4 EL Retsina-Wein, Pfeffer, Olivenöl, Salz.

Zwiebel und Knoblauchzehen schälen, Zwiebel sehr fein hacken, Knoblauch zerdrücken. Aus Zwiebelwürfeln, Knoblauch, grobgemahlenem Pfeffer, Retsina-Wein und 4 EL Olivenöl eine Marinade rühren, Koteletts damit bestreichen, 1 Std. stehen lassen. Danach das Fleisch auf geölten Grillrost legen und insgesamt ca. 12 Min. grillen. Koteletts mehrmals wenden, anschließend salzen. Leckere Beilagen sind in Butter gebratene Pellkartoffeln, Tomaten- und Okrasalat (Okraschoten mit einer Essig-Öl-Marinade anmachen).

SPIESSBRATEN

Ćevap (jug.)

4 Portionen à ca. 355 kcal (1485 kJ)

750 g Rinderlende oder Hammelfleisch, 2 Zwiebeln, 2 Knoblauchzehen, 6 EL Olivenöl, 1 TL Edelsüß-Paprika, Salz, Pfeffer.

Lende evtl. häuten und entsehnen. Zwiebeln und Knoblauch schälen, Zwiebeln feinreiben, Knoblauch zerdrücken. Beides mit den angegebenen Gewürzen mischen. Fleisch ringsum mit der Würzmasse bestreichen, ca. 12 Std. stehen lassen. Danach den Braten der Länge nach auf einen Drehspieß stecken, in den Grill einspannen und unter ständigem Drehen ca. 1 Std. rösten. Während dieser Zeit mehrmals mit Öl bepinseln. Als Beilagen gebakkene Kartoffeln und Gemüse oder Salate reichen.

Auch im Backofen läßt sich der Spießbraten leicht zubereiten. Gewürzten Braten auf Rost mit untergeschobener Fettpfanne legen, bei 200° (Gas Stufe 3) gut 1 Stunde braten, dabei mehrmals wenden.

UNGARISCHES GULASCH

Magyor gulyás (ung.)

4 Portionen à ca. 625 kcal (2615 kJ)

750 g Rindfleisch (Bug), 250 g Zwiebeln, 1 grüne Paprikaschote, 1 EL Schweineschmalz oder Öl, 1 gehäufter EL Edelsüß-Paprika, 1 TL Salz, 1 EL Tomatenmark, 1 Weinglas Rotwein, Schale von ½ Zitrone (ungespritzt), ¾ TL Kümmel, 1 TL Majoran, 1 Knoblauchzehe, 500 g Kartoffeln.

Rindfleisch in 3 cm große Würfel schneiden. Zwiebeln schälen und würfeln. Paprikaschote entkernen, in breite Streifen schneiden. Zwiebeln und Paprika in Fett 5 Min. gelb dünsten. Paprika, Salz und Tomatenmark zugeben, kurz anschwitzen. Fleisch zugeben, 5 Min. braun anbraten. Deckel auflegen und das Gulasch bei geringer Hitze 1½ Std. garen, dabei den Rotwein nach und nach zugießen. ½ Stunde vor Ende der Garzeit Zitronenschale, Kümmel, Majoran und zerdrückten Knoblauch zugeben. Kartoffeln schälen, vierteln, in Salzwasser 15 Min. kochen. Kartoffelstücke zuletzt unter das Gulasch mischen. Zum Gulasch grünen Salat reichen.

LAMMPILAW

Pilav od ovčetine (jug.)

4 Portionen à ca. 565 kcal (2365 kJ)

500 g Lammfleisch, 4 Zwiebeln, 2 rote Paprikaschoten, 1 Apfel, 2 EL Schweineschmalz, 1 EL Curry, 1 Knoblauchzehe, 1 Lorbeerblatt, 1 TL Thymian, Salz, Pfeffer, 1 Bund Petersilie, 150 g Langkornreis.

Lammfleisch in Würfel schneiden. Zwiebeln schälen und hacken. Paprikaschoten und geschälten Apfel entkernen, in Streifen schneiden. Schweineschmalz erhitzen, Zwiebeln darin gelb dünsten. Paprika, Apfel und Curry dazugeben, 2 Min. mitbraten. Lammfleisch zufügen, rundum braun anbraten. Zerdrückten Knoblauch, Lorbeerblatt, Thymian, Salz, Pfeffer und gehackte Petersilie hineingeben. Pilaw mit gut ½ l Wasser auffüllen, zugedeckt bei geringer Hitze 1 Std. schmoren. Danach den Reis zugeben, evtl. noch etwas Flüssigkeit zugießen, noch 20 Min. garen. Mit Salaten reichen.

Ungarisches Gulasch
Lammpilaw

PAPRIKASCH MIT HUHN

Paprikacsirke (ung.)

4 Portionen à ca. 415 kcal (1735 kJ)

1 Brathähnchen (1200 g), 75 g Räucherspeck, 1 Zwiebel, 1–2 Tomaten, 2 EL Butter oder Margarine, je 1 TL Edelsüß- und Rosenpaprika, Salz, Pfeffer, 1 EL Mehl, 1 Becher saure Sahne.

Hähnchen in 8 Portionen teilen, salzen. Speck in Streifen, Zwiebel in Würfel schneiden. Tomaten häuten, würfeln. Speck- und Zwiebelwürfel im Fett gelb dünsten, Hähnchenteile zugeben, rundum anbraten. Mit 1 Tasse heißem Wasser aufgießen, mit Paprika, Salz und Pfeffer würzen. Hähnchen etwa 20 Min. zugedeckt schmoren lassen. Dann Tomatenstückchen und mit Mehl verquirlte Sahne zugeben, noch 10 Min. garen. Beilage: Nockerln.

Übrigens: Der Unterschied zwischen einem Paprikasch und Pörkölt besteht darin: Das Paprikasch muß mit süßer oder saurer Sahne gebunden werden, während das Pörkölt grundsätzlich ungebunden bleibt.

SCHWEINEPÖRKÖLT

Sertés pörkölt (ung.)

4 Portionen à ca. 755 kcal (3160 kJ)

750 g Schweinefleisch zum Schmoren (Schulter), 75 g durchwachsener Räucherspeck, 1 große Zwiebel, je 1 Paprikaschote und Tomate, 50 g Schweineschmalz, 1 gehäufter TL Edelsüß-Paprika, 1 Msp. Zitronenschalengewürz, Salz, Pfeffer.

Schweinefleisch in Würfel, Speck in Streifen schneiden. Zwiebel feinhacken. Paprikaschote entkernen, in Streifen teilen. Tomate häuten, würfeln. Speck und Zwiebel in Schmalz 3 Min. dünsten, Fleischwürfel, Paprikapulver und Zitronenschalengewürz zugeben, 3 Min. anbraten. 1 Tasse heißes Wasser zugießen, Pörkölt 40 Min. zugedeckt bei geringer Hitze schmoren. Nach und nach etwas Wasser zugießen. Die letzten 10 Min. der Garzeit Paprika- und Tomatenstücke zugeben. Das Pörkölt mit Salz und Pfeffer würzen. Petersilienkartoffeln schmecken am besten dazu.

KUTTELRAGOUT

Škembići (jug.)

4 Portionen à ca. 475 kcal (1985 kJ)

750 g vorgekochte Kutteln, 3 EL Öl, 100 g durchwachsener Räucherspeck, 2 Zwiebeln, 2 Knoblauchzehen, 1 Bund Petersilie, 1 EL Tomatenmark, 1 EL Mehl, 1/4 l Fleischbrühe (Würfel), Salz, Cayennepfeffer, 1 EL Essig, 1 Btl. Reibkäse.

Kutteln in Streifen schneiden. Speck, Zwiebeln und 1 Knoblauchzehe feinwürfeln und in Öl gelb dünsten. Kutteln zugeben, 2–3 Petersilienstengel, Tomatenmark und Mehl beifügen, verrühren. Das Ragout mit Fleischbrühe auffüllen, mit Salz, Cayennepfeffer und Essig würzen, 15 Min. bei mittlerer Hitze zugedeckt schmoren. Inzwischen Petersilie und 1 Knoblauchzehe feinhacken, mit Käse vermischen. Das Ragout in vorgewärmter Schüssel anrichten, mit Petersilien-Käse-Mischung bestreuen. Körnigen Reis dazugeben.

WILDGULASCH NACH SLOWENISCHER ART

Slovenački lovački gulaš (jug.)

4 Portionen à ca. 440 kcal (1840 kJ)

750 g mageres Wildfleisch (Reh, Hirsch, Hase), 75 g durchwachsener Räucherspeck, 4 mittelgroße Zwiebeln, 1 Knoblauchzehe, 2 EL Schweineschmalz, 1 kleine Dose geschälte Tomaten, je 1/2 TL Rosmarin, Majoran, Salbei und Rosenpaprika, 1 Msp. Muskat, Salz, Pfeffer, 1/8 l Rotwein, 1 Becher saure Sahne.

Wildfleisch in dünne Scheiben schneiden. Räucherspeck in Streifen teilen. Zwiebeln und Knoblauchzehe schälen, feinhacken. Speck in Kasserolle ausbraten, Schmalz, Zwiebeln und Knoblauch 3 Min. gelb dünsten. Fleisch zugeben, rundum scharf anbraten. Tomaten mit Saft, Gewürze und Rotwein zugeben, alles zugedeckt etwa 1 Std. schmoren lassen. Danach die Soße mit Sahne binden, nochmals aufkochen lassen, mit Salz und Pfeffer abschmecken. Als Beilagen empfehlen sich Maisgnocchi (Rezept Seite 104), Bulgur (Rezept Seite 104), Semmelknödel oder Reis.

SPANFERKEL

Pečeno prase (jug.)

6 Portionen à ca. 980 kcal (4100 kJ)

Ca. 2 kg Spanferkel, Salz, Pfeffer, 1 TL Rosmarin, 2 Knoblauchzehen, 10 Wacholderbeeren, 1/4 l dunkles Bier, 1 TL Butter, 2 EL Öl, 1 Zwiebel.

Spanferkel waschen, trockentupfen. Mit Salz und Pfeffer einreiben. Rosmarin, zerdrückten Knoblauch, Wacholderbeeren, Salz, Pfeffer mit Bier und Butter aufkochen und 10 Min. ziehen lassen. Das Fleisch mit der Marinade bestreichen. Öl im Bratentopf erhitzen, Ferkel mit der Schwarte nach unten hineinlegen und das Fleisch im auf 200° (Gas Stufe 3) vorgeheizten Backofen ca. 45 Min. braten. Zwischendurch mehrmals mit der Marinade bepinseln. Das Fleisch wenden, Zwiebelwürfel zugeben, noch 40 Min. knusprig braun braten. Süßsauer eingelegten Kürbis, bunt gemischten Salat und Bauernbrot dazu reichen.

LAMMKEULE MIT SOMMERGEMÜSE

Jagnjeća plečka sa povrčem (jug.)

6 Portionen à ca. 785 kcal (3285 kJ)

1 Lammkeule (ca. 1,5 kg), 6–8 Knoblauchzehen, 1 TL gestoßener schwarzer Pfeffer, 1 EL Rosmarin, Saft von 1 Zitrone, 6 EL Olivenöl, Salz, 500 g Karotten, 500 g kleine Zwiebeln, 1 Pck. (300 g) TK-Prinzeßbohnen.

Lammkeule mehrmals 2 cm tief einschneiden, geschälte, halbierte Knoblauchzehen in die Kerben stecken. Keule mit Pfeffer, Rosmarin, Zitronensaft und 3 EL Öl 12 Std. zugedeckt marinieren, dabei 1–2 mal wenden. Öl in der Fettpfanne des auf 200° (Gas Stufe 3) vorgeheizten Backofens erhitzen. Keule salzen, mit Fettseite nach unten in die Fettpfanne legen. Fleisch 20 Min. anbraten, danach wenden. Inzwischen Karotten und Zwiebeln schälen, Karotten evtl. halbieren, Zwiebeln vierteln. Gemüse in die Fettpfanne geben, Keule noch 50 Min. braten, dabei mehrmals mit Fond übergießen. Braten im abgeschalteten Backofen 10 Min. ruhen lassen. Gemüse in einen Topf geben, Bohnen zufügen, noch 10 Min. garen. Keule tranchieren, auf Brett anrichten. Gemüse und Bratensoße getrennt dazu reichen.

nferkel

nmkeule mit Sommergemüse

PAPRIKASCHNITZEL

Odresci sa paprikom (jug.)

4 Portionen à ca. 360 kcal (1505 kJ)

8 dünne Kalbsschnitzel, 2 Zwiebeln, 5 grüne Paprikaschoten, 3 Tomaten, 60 g Schweineschmalz, 1/2 TL Rosenpaprika, Salz, 1 Tasse Fleischbrühe (Würfel), 1/2 Becher saure Sahne, 1 TL Instant-Helle Soße.

Zwiebeln schälen und feinhacken. Paprikaschoten entkernen, in Streifen schneiden. Tomaten häuten, entkernen, zerdrücken. Kalbsschnitzel dünn klopfen, salzen, im Fett beidseitig leicht anbraten. Die Schnitzel dürfen keine Farbe annehmen. Schnitzel herausnehmen. Zwiebeln im Bratfett 3 Min. gelb dünsten, mit Paprikapulver überstäuben, mit Brühe aufgießen, Schnitzel darauflegen, zugedeckt 8 Min. dünsten. Dann Paprikastreifen und zermuste Tomaten zufügen, mit Soßenpulver verrührte Sahne zugießen, noch 8–10 Min. schmoren lassen. Maisgnocchi (Rezept Seite 104), Reis oder Kartoffeln zu den Schitzeln reichen.

LAMMSCHEIBEN IN PAPIERHÜLLE

Kuzu kagit kebabi (türk.)

4 Portionen à ca. 480 kcal (2010 kJ)

4 Scheiben (à ca. 150 g) Lammfleisch (Nacken, Schulter), 2 EL Butter oder Margarine, 4 Zwiebeln, 1/2 Dose geschälte Tomaten, 1 Pck. (300 g) TK-grüne Erbsen, extra fein, Salz, Pfeffer, 1 EL Thymian, Knoblauchpulver. – Butterbrotpapier.

4 große Stücke Butterbrotpapier mit Butter bepinseln. Lammscheiben darauflegen, mit zerlassener Butter beträufeln. In Streifen geschnittene Zwiebeln, Tomaten ohne Saft und Erbsen darauf verteilen, mit Gewürzen bestreuen. Papier an Längs- und Querseiten zukniffen, Päckchen in die Fettpfanne des Backofens legen. Lammscheiben im Backofen bei 180° (Gas Stufe 2) etwa 1 Std. dünsten. Zwischendurch die Papierpäckchen mehrmals mit kaltem Wasser bespritzen.

Natürlich kann auch Alufolie verwendet werden. Die angegebene Garzeit verlängert sich dann aber um 20 Minuten.

TÜRKISCHE LAMMPFANNE

Bosnska kalja (jug.)

4 Portionen à ca. 555 kcal (2320 kJ)

750 g durchwachsenes Lammfleisch (Nacken, Schulter), je 1 TL Salz und Edelsüß-Paprika, ½ TL gestoßener Koriander, 1 Weißkraut (ca. 1 kg), 4 Zwiebeln, 1 große Dose geschälte Tomaten, 2 Tassen Fleischbrühe (Würfel), 1 Bund Petersilie.

Lammfleisch in 2 cm große Würfel schneiden, mit Salz, Paprika und Koriander 20 Min. marinieren. Kraut putzen, waschen und achteln. Zwiebeln schälen, feinhacken. In gewässerten Tontopf das Fleisch legen, Kohlstücke darauflegen. Zwiebeln darüberstreuen, Tomaten mit Saft obenauf geben. Mit Salz bestreuen. Fleischbrühe zugießen, Deckel auflegen. Tontopf in kalten Backofen auf untere Schiene stellen und das Gericht bei 220° (Gas Stufe 4) ca. 2 Std. schmoren lassen. Im Topf mit Petersilie bestreut servieren. Dazu passen Salzkartoffeln. Wer mag, gart Kartoffelscheiben gleich mit, indem er den Topfboden mit gesalzenen Kartoffeln belegt.

HUHN AUF SAUERKRAUT

Podvarak (jug.)

4 Portionen à ca. 315 kcal (1320 kJ)

1 Brathuhn (1200 g), 1 Zwiebel, 2 Knoblauchzehen, 50 g Schweineschmalz, 1 Dose Sauerkraut, 1 getrocknete Chilischote, 5–6 Wacholderbeeren, 3–5 Pfefferkörner, ¼ l Hühnerbrühe (Würfel).

Brathuhn in 8 Portionen teilen. Zwiebel und Knoblauch schälen, feinwürfeln. Schmalz in Kasserolle erhitzen, Geflügelteile ringsum braun anbraten. Fleisch herausnehmen. Im Bratfett Zwiebel und Knoblauch 3 Min. gelb dünsten, zerpflücktes Sauerkraut, Chilischote, Wacholderbeeren und Pfefferkörner etwa 8 Min. andünsten. Hähnchenteile darauflegen, heiße Hühnerbrühe zugießen. Alles zugedeckt bei milder Hitze etwa 30 Min. garen. Evtl. das Kraut mit Salz und Pfeffer nachwürzen. Knödel schmecken dazu.

GRIECHISCHES ZITRONENHÄHNCHEN

Kotopoulo lemonato (griech.)

4 Portionen à ca. 420 kcal (1755 kJ)

1 TK-Hähnchen (1200 g), 750 g Kartoffeln, 8 kleine Zwiebeln, 3 Zitronen (1 davon ungespritzt), Salz, Pfeffer, 1 EL Edelsüß-Paprika, 5 Lorbeerblätter, 1/4 l Fleischbrühe (Würfel), 1 Weinglas Weißwein, 3 EL Olivenöl.

Hähnchen auftauen lassen. Kartoffeln und Zwiebeln schälen, Kartoffeln längs in Viertel schneiden. 2 Zitronen auspressen, die ungespritzte längs teilen. Brathähnchen innen und außen mit Salz, Pfeffer und Paprika einreiben. In gewässerten Tontopf Kartoffeln, Zwiebeln und Zitronenviertel einschichten. Das Hähnchen darauflegen. Lorbeerblätter zugeben, Brühe, Wein und Zitronensaft zugießen. Alles mit Öl beträufeln, mit Salz, Pfeffer und Paprika überstäuben. Deckel auflegen, Topf in kalten Backofen schieben und das Hähnchen bei 220° (Gas Stufe 4) etwa 1 1/4 Std. schmoren. Dazu paßt grüner Salat, mit Zitronen-Kräuter-Marinade angemacht.

GEBRATENE LEBERSTÜCKCHEN

Sikotakia tighanita (griech.)

4 Portionen à ca. 310 kcal (1295 kJ)

600 g junge Rinderleber, 1 gehäufter TL Edelsüß-Paprika, 3 EL Butter. – Garnitur: *2 Zwiebeln, 1/2 TL Salz, 1 Knoblauchzehe, 1 Bund Petersilie, 4 Tomaten.*

Leber in 2 cm große Würfel schneiden, mit Paprika bestäuben. Leber in schäumender Butter 3 Min. rundum braun braten. – *Garnitur:* Zwiebeln schälen, in hauchdünne Scheiben schneiden. Zwiebeln in Salz, geriebener Knoblauchzehe und gehackter Petersilie wenden. Tomaten in Scheiben schneiden. Leberstückchen sofort auf vorgewärmter Platte anrichten, mit Zwiebelringen und Tomatenscheiben umlegen. Am Tisch würzt sich jeder seine Leber mit Salz und grobgemahlenem Pfeffer. Im Balkan ißt man Brot oder knusprig gebratene Kartoffeln dazu.

Griechisches Zitronenhähnchen

Gebratene Leberstückchen

GEGRILLTE ENTE MIT GRANATAPFELSOSSE

Fesenjan (türk.)

4 Portionen à ca. 645 kcal (2700 kJ)

1 TK-Ente (1,5 kg), Salz, Pfeffer, Öl. – Soße: *2 Granatäpfel oder ¼ Tasse Granatapfelsirup, 1 Zwiebel, ½ Tasse Walnüsse, 1 EL Butter, 2 Tassen Hühnerbrühe (Würfel), ½ Becher Crème fraîche oder süße Sahne, 1 Prise Zucker, Salz, Pfeffer.*

Ente auftauen lassen, innen und außen mit Salz und Pfeffer einreiben. Ente auf einen Spieß stecken, mit Öl bepinseln und 1–1¼ Std. grillen. Während der Grillzeit Ente mehrere Male mit Öl bestreichen. – *Soße:* Den Saft aus den Granatäpfeln pressen. Zwiebel in feine Würfel schneiden, Walnüsse hacken. Zwiebeln und Walnüsse in erhitzter Butter 3 Min. gelb dünsten, Hühnerbrühe und Granatapfelsaft bzw. -sirup zugießen, 10 Min. bei mittlerer Hitze durchkochen lassen. Crème fraîche oder süße Sahne einrühren, Soße noch 2 Min. kochen, mit Zucker, Salz und Pfeffer abschmecken. Gegrillte Ente vierteln, auf Platte anrichten, mit Soße umgießen.

GEFÜLLTE KALBSBRUST

Teleče grudi punjene spanačem (jug.)

6 Portionen à ca. 365 kcal (1525 kJ)

1 kg Kalbsbrust (vom Metzger eine Tasche einschneiden lassen), Salz, Pfeffer, 50 g Pflanzenfett. – Füllung: *4 Scheiben Toastbrot, ½ Tasse Milch, 2 Eier, 2 Zwiebeln, 50 g durchwachsener Räucherspeck, 1 Pck. (300 g) TK-Blattspinat, Muskat.*

Füllung: Toastbrot würfeln. Milch mit Eiern verquirlen, übers Brot gießen. Geschälte Zwiebeln und Speck würfeln und anbraten. Aufgetauten Blattspinat, Brotwürfel und Zwiebel-Speck-Masse mischen, mit Salz, Pfeffer und Muskat würzen. – Kalbsbrust innen und außen salzen und pfeffern, Farce locker hineinfüllen. Öffnung zunähen. Fett im Bräter im Backofen bei 180° (Gas Stufe 2) erhitzen, Kalbsbrust mit der Hautseite nach unten darin anbraten, wenden und 1½ Std. braten. Bräunt der Braten zu stark, etwas Wasser zugießen. Als Beilagen Kartoffeln und Salat reichen.

TRUTHAHN MIT TEIGBLÄTTERN

Čurka sa mlincima (jug.)

6 Portionen à ca. 745 kcal (3115 kJ)

1 junger Truthahn (2,5–3 kg), küchenfertig vorbereitet, Salz, 100 g Margarine. – Teigblätter: *500 g Mehl, 1 TL Salz, etwa 300 ccm Wasser oder Milch. – ¼ l Milch.*

Truthahn innen und außen salzen, mit Margarine bepinseln. 50 g Fett im Bräter erhitzen, Truthahn rundum braun anbraten. ¼ Liter Wasser zugießen, Truthahn zugedeckt im 220° (Gas Stufe 4) heißen Backofen etwa 2 Std. braten. Zwischendurch mit Bratensaft mehrmals begießen. *Teigblätter:* Mehl mit Salz und lauwarmem Wasser oder Milch verkneten. Teig etwa 15 Min. ruhen lassen. Teig auf bemehltem Tuch dünn ausrollen. Teigplatte in backblechgroße Stücke schneiden. Jede Teigplatte aufs Backblech legen und im 180° (Gas Stufe 2) vorgeheizten Backofen solange backen, bis sie bräunlich wird. Die Teigblätter in Stücke brechen und in heißer Milch 10 Min. einweichen. Danach die Milch abgießen, Teigblätter zum Truthahn in den Bräter geben, noch 30 Min. mitbraten lassen. Teigblätter auf vorgewärmte Platte legen, Truthahn darauf anrichten. Beilage: Tomaten- und Kopfsalat.

FASAN MIT LINSEN

Fazan sa sočivom (jug.)

4 Portionen à ca. 485 kcal (2030 kJ)

2 Fasane (bratfertig vorbereitet), Salz, Pfeffer, 4 dünne Scheiben fetter Speck, 50 g Margarine. – Linsen: *250 g getrocknete Linsen, 1 Fleischbrühwürfel, 3 Karotten, Salz, Pfeffer, Muskat, 1 Bund Petersilie.*

Linsen über Nacht in kaltem Wasser einweichen. Wasser abgießen. Linsen mit frischem Wasser und Fleischbrühwürfel etwa 2 Std. bei mittlerer Hitze weichkochen. Karotten schälen, in Würfel schneiden. 30 Min. vor Ende der Garzeit Gemüsewürfel zu dem Linsengemüse geben, mit Salz, Pfeffer und Muskat würzen. – *Fasane* innen und außen salzen und pfeffern, mit Speckscheiben umwickeln. Margarine im Bräter erhitzen, Fasane hineinlegen und im auf 200° (Gas Stufe 3) vorgeheizten Backofen ca. 30–45 Min. (je nach Alter der Tiere) braten. Bräunt der Bratfond zu stark, ½ Tasse Wasser zugießen. Fasane auf dem Linsengemüse anrichten, mit Petersilie bestreuen.

GARNIERTES KRAUT, IM TONTOPF GEGART

Bosanski lonac (jug.)

4 Portionen à ca. 705 kcal (2950 kJ)

1 Kopf Weißkraut (ca. 1 kg), 3 Zwiebeln, 3 Äpfel, 2 Paar polnische Würste oder Bauernbratwürste, 200 g durchwachsener Räucherspeck, 2 TL Kümmel, 2 TL Streuwürze, Pfeffer, 3/8 l Weißwein.

Tontopf 15 Min. in kaltes Wasser legen. Inzwischen Kohlkopf waschen, längs halbieren und den harten Strunk herausschneiden. Danach den Kohl in 1 cm dicke Scheiben schneiden. Zwiebeln und Äpfel schälen, in Schnitze teilen. Räucherspeck in dünne Längsstreifen schneiden. Tontopf aus dem Wasser nehmen. Kohl, Zwiebeln, Äpfel, Würste, Räucherspeckscheiben und Gewürze hineinschichten, mit Wein übergießen. Tontopf schließen und in den kalten Backofen stellen. Das garnierte Kraut bei 220° (Gas Stufe 4) ca. 1½ Std. garen. Danach evtl. nochmals mit Salz und Pfeffer abschmecken. Wer mag, gibt Salzkartoffeln dazu.

WIRSING MIT PIKANTER FÜLLUNG

Pikantno punjeni kupus (jug.)

4 Portionen à ca. 485 kcal (2030 kJ)

1 Wirsing (ca. 1 kg), 2 Zwiebeln, 1 TL Kümmel, ½ l Fleischbrühe (Würfel), 375 g Bratwurstbrät, je 1 grüne und rote Paprikaschote, 1 altbackenes Brötchen, 1 TL Thymian.

Wirsing waschen, schlechte Außenblätter entfernen. Zwiebeln schälen, in Scheiben schneiden. Zwiebelscheiben, Kümmel und Fleischbrühe in einen großen, breiten Topf geben, Kohl mit der Wölbung nach oben hineinlegen und zugedeckt 20 Min. dünsten. Wirsing herausnehmen, abkühlen lassen. Danach vom Strunk her aushöhlen, Inneres hacken. Paprikaschoten entkernen, in kleine Würfel schneiden. Brötchen in kaltes Wasser legen, ausdrücken und mit gehacktem Kohl, Paprika und Thymian unters Brät mischen. Farce in den Kohlkopf füllen, Wirsing evtl. mit Garn 1–2 mal umbinden. Kohl in den Topf mit Fleischbrühe zurücklegen, offen im auf 160° (Gas Stufe 1) vorgeheizten Backofen 1 Std. garen. Mit Salzkartoffeln reichen.

Garniertes Kraut, im Tontopf gegart

Wirsing mit pikanter Füllung

SAUERKRAUTROULADEN

Sarme od kiselog kupusa (jug.)

6 Portionen à ca. 505 kcal (2115 kJ)

1 Kopf Weißkraut (ca. 2 kg), 1 Stück Brot, 2 Lorbeerblätter, 10 Pfefferkörner. – Füllung: *Je 250 g Schweine- und Rinderhack, 2 Tassen gekochter Reis, 2 Zwiebeln, 2 EL Schweineschmalz, Pfeffer, Salz. – 100 g Räucherspeck, 3 Karotten, ¼ Sellerieknolle, ½ Bund Petersilie, 1 Lorbeerblatt, ½ l Fleischbrühe (Würfel), 1 Zwiebel, 2 EL Margarine, 2 EL Mehl, 1 TL Edelsüß-Paprika.*

Vorbereitung: Schlechte Außenblätter vom Kraut entfernen, Strunk herausschneiden. Kohlkopf in einen Steintopf legen. Brot und Gewürze zugeben, mit so viel heißem Wasser begießen, daß der Kohlkopf bedeckt ist. Steintopf mit Holzdeckel zudecken, Kraut ca. 10 Tage gären lassen. Dann herausnehmen, Kohlblätter ablösen. – *Füllung:* Hackfleisch mit Reis, in Schmalz angedünsteten Zwiebelwürfeln, Pfeffer und Salz vermengen. Je 3–4 Kohlblätter aufeinander legen, Füllung darauf verteilen. Kohlrouladen zusammenrollen, mit Garn umbinden. In feuerfester Form Speckwürfel auslassen. Geputzte, kleingewürfelte Karotten und Sellerieknolle, Petersilie und Lorbeerblatt zugeben. Krautrouladen darauflegen. Fleischbrühe darübergießen, Rouladen zugedeckt 1 ½ Std. im 200° (Gas Stufe 3) heißen Backofen garen. Aus Margarine mit Zwiebelwürfeln, Mehl und Bratfond (von den Rouladen) eine Soße bereiten, mit Paprikapulver und Salz würzen. Beilage: Bratkartoffeln.

Auf dem Balkan sind diese leckeren Sauerkrautrouladen ein beliebtes Essen. Die in würzigem Sud eingelegten Kohlköpfe werden dort auf Gemüsemärkten, in großen Holzbottichen aufbewahrt, stückweise verkauft. Das erspart der Hausfrau die Vorarbeit.

KRAUTWICKEL

Sarme od slatkog kupusa (jug.)

6 Portionen à ca. 590 kcal (2470 kJ)

1 Kopf Weißkraut (ca. 2 kg), 2 altbackene Brötchen, 4 Scheiben durchwachsener Räucherspeck, 2 Zwiebeln, 1 Knoblauchzehe, 500 g Schweinemett, 1 Bund Petersilie, Salz, Pfeffer, je 1 Löffelspitze Thymian, Rosmarin und Kümmel, 2 Karotten, 1/8 l Fleischbrühe (Würfel), 1–2 TL Instant-Bratensoße.

Vom Weißkraut die schlechten Außenblätter ablösen, Strunk herausschneiden. Weißkraut waschen, in reichlich Salzwasser 15 Min. kochen, herausnehmen, abtropfen lassen. Brötchen einweichen und ausdrücken. Speckscheiben knusprig ausbraten. Geschälte, feingehackte Zwiebeln und Knoblauch im Speckfett gelb dünsten. Zwiebelmasse, zerpflückte Brötchen, Schweinemett, gehackte Petersilie und Gewürze zu einem Teig verkneten. Kohlkopf in einzelne Blätter zerpflücken, jeweils 1 großes Blatt mit 2–3 kleineren Blättern belegen, mit Kümmel bestreuen. Farce portionsweise auf den Blättern verteilen. Blätter vom Stengelansatz her zusammenrollen. Geschälte, in Scheiben geschnittene Karotten in eine feuerfeste Form geben. Krautwickel hineinlegen, mit Speckscheiben belegen. Fleischbrühe zugießen, Rouladen mit gefettetem Pergamentpapier bedecken und im auf 180° (Gas Stufe 2) vorgeheizten Backofen ca. 1 Std. garen. Danach den Bratfond mit Soßenpulver binden. Dazu schmecken Salzkartoffeln.

SPITZKOHL TÜRKISCHE ART

Kupus na turski način (jug.)

4 Portionen à ca. 340 kcal (1425 kJ)

1 Kopf Spitz- oder Weißkohl (ca. 1 kg), 2 Zwiebeln, 2 Knoblauchzehen, 3 EL Öl, 1 EL Margarine, 200 g Weizenschrot (Reformhaus), 1 EL Rosenpaprika, 1 Msp. Cayennepfeffer, 6 EL Weinessig.

Spitzkohl waschen, Strunk herausschneiden, Kohl in schmale Streifen schneiden. Zwiebeln und Knoblauchzehen schälen, Zwiebeln in Ringe teilen. Zwiebeln in erhitztem Öl glasig dünsten, Margarine, Kraut, Weizenschrot, Rosenpaprika und Cayennepfeffer zugeben, 10 Min. andünsten. Danach 1/2 Liter Flüssigkeit (Wasser, Fleischbrühe) zugießen, einmal aufkochen lassen, Gemüse ca. 30 Min. bei geringer Hitze garen. Weinessig mit zerquetschtem Knoblauch verrühren, 5 Min. vor Ende der Garzeit unters Gemüse mischen. Das Gemüse begleitet Lammspießchen oder Hackfleischröllchen.

SPINATREIS

Pirincli ispanak (türk.)

4 Portionen à ca. 275 kcal (1150 kJ)

1 1/2 Tassen Langkornreis, 600 g frischer Spinat, Salz, Pfeffer, 1–2 Knoblauchzehen, 3 Tassen Fleisch- oder Hühnerbrühe (Würfel), 2 Zwiebeln, 3 EL Butter oder Margarine.

Spinat von den Stielen zupfen und waschen. Tropfnassen Spinat in einen Topf geben, mit Salz, Pfeffer und zerdrücktem Knoblauch würzen und bei mittlerer Hitze 3 Min. garen. Feuerfeste Form mit Margarine einfetten, Reis und Spinat lagenweise einfüllen, mit Spinat und einem Kranz Reis abschließen. Alles mit heißer Brühe auffüllen und mit Alufolie bedeckt im Backofen bei 200° (Gas Stufe 3) 25–30 Min. garen. Inzwischen Zwiebeln schälen und feinhacken. Zwiebeln im Fett leicht bräunen. Ist der Reis weich, Zwiebelbutter darübergeben. Zu gegrilltem Fleisch servieren.

KÜRBISGEMÜSE

Mlade tikvice (jug.)

4 Portionen à ca. 170 kcal (710 kJ)

1 kleiner Kürbis (ca. 1 kg), 2 EL Essig, 10 kleine Zwiebeln, 2 EL Margarine, 1/4 l Fleischbrühe (Würfel), Salz, Streuwürze, 1 Btl. geriebener Käse.

Kürbis schälen, das Weiche und die Samen herausnehmen. Fruchtfleisch in Schnitze schneiden, mit Essig beträufeln. Zwiebeln schälen und in Fett 5 Min. hellgelb andünsten. Kürbisstücke zugeben, Fleischbrühe zugießen. Das Gemüse mit Salz und Streuwürze bestreuen und zugedeckt ca. 15 Min. bei mittlerer Hitze dünsten. Kürbisgemüse anrichten, mit reichlich geriebenem Hartkäse bestreuen.

Abwandlung: Die letzten 5 Min. vor Ende der Garzeit 4 gehäutete, in Scheiben geschnittene Tomaten zufügen. Das Gemüse dann statt mit Reibkäse mit etwas saurer Sahne übergießen. Als Beilage zu gegrillten Lammkoteletts oder Leberknödeln reichen.

Spinatreis
Kürbisgemüse

KROATISCHE BOHNENPFANNE

Lički pasulj (jug.)

4 Portionen à ca. 710 kcal (2970 kJ)

200 g weiße Bohnen, 375–500 g geräucherter Schweinebauch, 125 g Graupen, 1 Zwiebel, 5 EL Öl, 2 EL Mehl, 1 Tasse Brühe (von den Bohnen), 1 TL Edelsüß-Paprika, Salz, Pfeffer, 1 Bund Petersilie.

Bohnen über Nacht in reichlich kaltem Wasser einweichen. Am anderen Tag Bohnen in frischem Wasser 45 Min. kochen lassen, Schweinebauch hineingeben, weitere 45 Min. kochen. Graupen in Salzwasser 25 Min. kochen, danach abgießen. Zwiebel schälen, feinhacken, in Öl 3 Min. gelb dünsten. Mit Mehl bestäuben, Bohnenbrühe zugießen, 5 Min. durchkochen lassen, danach mit Paprika, Salz und Pfeffer würzen. Abgetropfte Bohnen und Graupen miteinander mischen, in Topf geben, Schweinebauch in Würfel schneiden, zufügen. Zwiebelsoße zugießen, Bohnenpfanne noch 10 Min. bei geringer Hitze garen. Mit gehackter Petersilie bestreuen.

BOHNEN-TOMATEN-GEMÜSE

Domatesli fasulye (türk.)

4 Portionen à ca. 180 kcal (755 kJ)

200 g dicke Bohnen (Puff- oder Saubohnen), Salz, 2 Zwiebeln, 2 Knoblauchzehen, 3 EL Öl, 1 Dose geschälte Tomaten, 1/2 TL Basilikum, 1 Löffelspitze Rosenpaprika, 1 TL Edelsüß-Paprika, 1 Lorbeerblatt.

Bohnen über Nacht in reichlich kaltem Wasser einweichen. Am anderen Tag Bohnen abgießen und mit frischem Wasser mit Salz ca. 1½ Std. garkochen (im Schnellkopftopf verkürzt sich die Kochzeit um zwei Drittel). Zwiebeln und Knoblauch schälen, Zwiebeln hacken. Öl erhitzen, Zwiebeln darin gelb dünsten. Tomaten, zerdrückten Knoblauch und Gewürze zugeben, Masse unter Rühren ca. 20 Min. leicht kochen lassen. Inzwischen die abgetropften dicken Bohnen in eine feuerfeste Form füllen, eingedickte Tomatensoße darübergießen. Im Backofen bei 180° (Gas Stufe 2) noch 20 Min. garen. Das Bohnen-Tomaten-Gemüse wird warm oder kalt zu gesalzenem Schweinefleisch oder Schweinekoteletts serviert.

KICHERERBSENMUS

Hummus bi talani (türk.)

4 Portionen à ca. 195 kcal (815 kJ)

1 Dose Kichererbsen, 3 EL Olivenöl, Saft von ½ Zitrone, 2 Knoblauchzehen, Salz, weißer Pfeffer, ½ Becher saure Sahne, ½ Bund Petersilie.

Kichererbsen mit dem elektrischen Schneidestab pürieren. Unter das Mus löffelweise Öl und Zitronensaft rühren, bis eine glatte, homogene Masse entsteht. Das Kichererbsenmus mit zerdrücktem Knoblauch, Salz und Pfeffer abschmecken, 1–2 Std. in den Kühlschrank stellen. Danach mit Sahne verfeinern und mit Petersilie bestreuen. Das Kichererbsenmus schmeckt zu gegrilltem Lammfleisch besonders gut.

WEISSE BOHNEN „PREBRANAC“

Pasulj prebranac (jug.)

4 Portionen à ca. 370 kcal (1550 kJ)

1 große Dose weiße Bohnen, 500 g Zwiebeln, 2–3 Knoblauchzehen, ½ Tasse Öl, 1 EL Edelsüß-Paprika, ½ TL Rosenpaprika, 1 Bund Petersilie, Salz, Pfeffer, 1–2 Lorbeerblätter.

Zwiebeln und Knoblauchzehen schälen, in Ringe schneiden. ⅔ des Öls in einer Kasserolle erhitzen, Zwiebeln darin 10 Min. bei mittlerer Hitze dünsten. Paprikapulver und feingehackte Petersilie zuletzt zugeben. In eine gefettete feuerfeste Form weiße Bohnen und Zwiebeln einschichten, mit Bohnen abschließen. Auflauf mit Salz, Pfeffer und Paprikapulver bestäuben, Lorbeerblätter obenauflegen. Bohnen mit Öl beträufeln und im auf 180° (Gas Stufe 2) vorgeheizten Backofen ca. 30 Min. garen. Dazu werden in Jugoslawien gebackene Paprikaschoten (siehe Rezept Seite 19) oder serbischer Salat (Rezept Seite 12) gegessen.

GEFÜLLTE AUBERGINEN

Modri patlidžan na ulju (jug.)

4 Portionen à ca. 435 kcal (1820 kJ)

4 Auberginen, 200 g altbackenes Weißbrot, 3 Knoblauchzehen, 1 Bund Petersilie, 75 g Butter oder Margarine, 1 EL Rosmarin, 1 Röhrchen Kapern, 1 kleine Dose Sardellenfilets, 1 Btl. geriebener Käse, 1/1 Dose geschälte Tomaten.

Auberginen waschen, Stiel- bzw. Blütenansätze entfernen. Auberginen waagrecht halbieren, die Enden als Deckel abschneiden. Auberginenfleisch bis auf einen 1 cm breiten Rand aus den Hälften schneiden und grob hacken. Das Weißbrot fein zerkleinern. Knoblauch schälen, Petersilie waschen und hakken. Gehacktes Auberginenfleisch in erhitztem Fett 2 Min. braten, Brösel zugeben und 2 Min. mitbraten. Zerdrückten Knoblauch, Petersilie, Rosmarin, abgetropfte Kapern, gehackte Sardellen sowie den Käse untermischen. Farce mit Salz und Pfeffer würzen. Auberginenhälften in feuerfeste Form stellen, mit Farce füllen, Deckel auflegen. Tomaten mit Saft zugeben und alles im auf 200° (Gas Stufe 3) vorgeheizten Backofen ca. 40 Min. garen. Passende Beilage: Petersilienreis.

AUBERGINENAUFLAUF

Musaka od plavik patlidžana (jug.)

4 Portionen à ca. 945 kcal (3955 kJ)

1 kg Auberginen, Salz, Pfeffer, Mehl, 1/8 l Öl, 3 Zwiebeln, 2 Knoblauchzehen, 375 g Hackfleisch, 1 EL Thymian, 3 EL Tomatenmark, 200 g Reibkäse, 1/2 Becher süße Sahne, Muskat.

Auberginen waschen, längs in Scheiben schneiden. Beidseitig salzen, pfeffern und in Mehl wenden. Öl in der Pfanne erhitzen. Auberginenscheiben auf beiden Seiten darin anbraten und auf Küchenkrepp abtropfen lassen. Zwiebeln und Knoblauch schälen, feinhacken, im Öl gelb dünsten. Hackfleisch zugeben, 3 Min. anbraten, dabei in erbsengroße Stücke teilen. Thymian, Tomatenmark, Salz, Pfeffer und ca. 1/2 Tasse Wasser zugeben, Masse 2 Min. schmoren lassen und abschmecken. In feuerfeste Form lagenweise Auberginen, Hackfleischmasse, Käse, Sahne und Muskat einschichten. Mit Auberginen, Sahne und Muskat abschließen, etwas Käse darüberstreuen. Auflauf im 180° (Gas Stufe 2) heißen Backofen ca. 30 Min. überbacken.

üllte Auberginen

erginenauflauf

GEFÜLLTE KOHLRABI

Punjena keleraba (jug.)

4 Portionen à ca. 310 kcal (1295 kJ)

4–6 große Kohlrabiknollen, Salz. – Füllung: *400 g Kalbshirn, 1 Zwiebel, 2 EL Butter oder Margarine, Pfeffer, 2 Eier, ½ Bund Petersilie, 1 Becher saure Sahne.*

Kohlrabiknollen schälen, das Innere vorsichtig aushöhlen. Kohlrabi in Salzwasser 15–20 Min. bei mittlerer Hitze fast weich kochen lassen. – *Füllung:* Gewaschenes Hirn in reichlich lauwarmem Wasser 30 Min. ziehen lassen, herausnehmen, mit heißem Essigwasser (3 EL Essig auf 1 Liter Wasser) übergießen. Häutchen und Äderchen vom Hirn entfernen, Hirn in kleine Würfel schneiden. 1 EL Fett in beschichteter Pfanne erhitzen, Hirn und Zwiebelwürfelchen darin 3 Min. braten. Mit Salz und Pfeffer bestreuen. Verquirlte Eier darübergießen, in 1 Min. stocken lassen, ab und zu leicht durchrühren. Mit gehackter Petersilie durchmischen. Füllung in die abgetropften Kohlrabiknollen verteilen, Knollen in gefettete feuerfeste Form geben, mit Butterflöckchen belegen. Sahne darübergießen. Bei 180° (Gas Stufe 2) ca. 20 Min. überbacken. Beilage: Salzkartoffeln.

GEFÜLLTE ZUCCHINI

Kousa malski (türk.)

4 Portionen à ca. 370 kcal (1550 kJ)

4 Zucchini. – Füllung: *375 g Leber, 3 Zwiebeln, 3 EL Öl, 1 EL Tomatenmark, je ½ TL Thymian und Rosmarin, ½ Bund Petersilie, Saft von ½ Zitrone, Pfeffer, Salz, 1 Tasse Fleischbrühe (Würfel), 100 g bulgarischer Schafkäse.*

Zucchini waschen, Stengelansätze abschneiden. Von den Zucchini Deckel abschneiden, Früchte aushöhlen. Fruchtfleisch kleinschneiden. – *Füllung:* Leber in dünne Streifen schneiden. Zwiebeln schälen, würfeln. Zwiebelwürfel in Öl 1 Min. gelb dünsten, Leberstreifen zugeben, 2 Min. scharf anbraten. Zucchinifleisch zufügen. Füllung mit Tomatenmark, Thymian, Rosmarin, Petersilie, Zitronensaft, Salz und Pfeffer würzen. Füllung in die Zucchini häufen, Zucchini in gefettete, feuerfeste Form setzen, Fleischbrühe zugießen. Die Zucchini zugedeckt (mit Deckel oder einem Stück Alufolie) im Backofen bei 200° (Gas Stufe 3) 25 Min. garen. Dann Deckel oder Folie abnehmen, Schafkäsescheiben auf die Zucchini legen, Gemüse noch 10 Min. überbacken. Beilage: Safranreis.

MOUSSAKA MIT AUBERGINEN

Musaka od patlidžana (jug.)

6 Portionen à ca. 670 kcal (2805 kJ)

1 kg Auberginen, 1/8 l Öl, 3 Zwiebeln, 375 g Hackfleisch, 2 TL Thymian, 750 g Kartoffeln, 500 g Tomaten, 1 Pck. Helle Soße, 175 g Reibkäse, je 1 EL Semmelbrösel und Margarine.

Auberginen waschen, Stielansätze abschneiden. Auberginen in Scheiben schneiden und in rauchendheißem Öl auf jeder Seite 1 Minute braten, danach herausnehmen. Geschälte, gewürfelte Zwiebeln im Bratfett gelb dünsten, Hackfleisch zugeben und 5 Min. braten, dabei mit einer Gabel in etwa erbsengroße Stücke zerteilen. Hackfleisch mit Salz, Pfeffer und Thymian würzen. Kartoffeln schälen, in dünne Scheiben schneiden und in Wasser (ohne Salz) 10 Min. kochen. Wasser abgießen, Kartoffeln abtropfen lassen. Tomaten in Scheiben schneiden. In gefettete feuerfeste Form schichtweise Auberginen, Hackfleisch, Kartoffeln, Tomaten und 2/3 des Käse einfüllen. Die Helle Soße nach Anweisung auf dem Päckchen zubereiten, darübergießen. Restlichen Reibkäse, Semmelbrösel und Fettflöckchen darüberstreuen und die Moussaka im auf 200° (Gas Stufe 3) vorgeheizten Backofen etwa 35 Min. garen. Dazu servieren Sie grünen oder Gurkensalat.

Abwandlung: Statt mit Auberginen können Sie die Moussaka auch mit grünen Bohnen, Gurken, Zucchini oder Sauerkraut zubereiten. Diese Gemüsesorten roh bzw. gekocht verwenden.

TÜRKISCHE OKRAPFANNE

Bamja s jagnjetinom (jug.)

4 Portionen à ca. 375 kcal (1570 kJ)

1 große Dose Okraschoten, 6 EL Öl, 250 g Lammfleisch, 2 Zwiebeln, 2 Knoblauchzehen, 2 Tassen Fleischbrühe, Salz, Pfeffer, abgeriebene Schale von 1/2 Zitrone (ungespritzt).

Okraschoten abtropfen lassen, in Öl 5 Min. braten, herausnehmen. Lammfleisch in 2 cm große Würfel schneiden. Zwiebeln und Knoblauch schälen, feinhacken. Lamm und Zwiebeln mit Knoblauch im Bratfett 8 Min. scharf anbraten, Fleischbrühe zugießen, Okraschoten obenauflegen. Gemüsepfanne mit Salz, Pfeffer und Zitronenschale würzen, 10 Min. bei mittlerer Hitze dünsten. Fladenbrot (Rezept Seite 112) oder Reis dazu essen.

GEFÜLLTE ZWIEBELN

Sogan dolma (griech.)

4 Portionen à ca. 295 kcal (1235 kJ)

5 Gemüsezwiebeln, Salz, 2 EL Essig. – Füllung: *3 EL Öl, 250 g Hammel- oder Rinderhack, 2 EL Tomatenmark, 1 TL Edelsüß-Paprika, ½ TL Rosenpaprika, 1 TL Oregano. – 1 Tasse Fleischbrühe (Würfel), 1 EL Butter oder Margarine.*

Zwiebeln schälen (Stielansätze dranlassen) und 4 davon in leicht gesalzenem Essigwasser 8 Min. kochen lassen. Danach herausnehmen, Deckel abschneiden. Zwiebeln aushöhlen, dabei 3–4 Zwiebelhüllen stehen lassen. – *Füllung:* Zwiebelinneres hacken. Rohe Zwiebel würfeln, in Öl 2 Min. gelb dünsten. Hackfleisch zugeben, 5 Min. braun braten, dabei in erbsengroße Stücke zerteilen. Tomatenmark, Paprikapulver, Oregano und Zwiebelinneres zugeben, alles 10 Min. durchschmoren. Farce in die Zwiebeln füllen, Deckel auflegen. Zwiebeln in feuerfeste Form geben, mit Butterflöckchen belegen, Fleischbrühe zugießen. Die gefüllten Zwiebeln im auf 180° (Gas Stufe 2) vorgeheizten Backofen ca. 40 Min. braten. Wer gerne Soße ißt, bereitet getrennt eine Braten- oder Tomatensoße aus dem Päckchen zu. Außerdem passen Reis oder Maisbrei (Rezept Seite 106) dazu.

GEFÜLLTE PAPRIKASCHOTEN

Palneni piperki (bulg.)

4 Portionen à ca. 515 kcal (2155 kJ)

2 Paprikaschoten. – Füllung: *150 g gekochter Langkornreis, 50 g geschälte Walnüsse, 1 kleines Glas schwarze Oliven, 2 Eier, 150 g geriebener Käse, 1 TL Thymian, Salz, Streuwürze. – 2 EL Margarine, ¼ l Fleischbrühe (Würfel), 2 TL Instant-Tomatensoße.*

Paprikaschoten längs halbieren und entkernen. – *Füllung:* Walnüsse hacken. Oliven entkernen und in Viertel schneiden. Reis, Walnüsse, Oliven, Eier, 100 g Käse, Thymian, Salz und Streuwürze mit einer Gabel vermischen. Reisfüllung in die Paprikahälften füllen, Paprikas mit Margarineflöckchen und restlichem Käse bestreuen. Hälften in gefettete feuerfeste Form geben, Fleischbrühe zugießen. Paprikaschoten im auf 180° (Gas Stufe 2) vorgeheizten Backofen ca. 40 Min. garen. Gefüllte Paprikas auf Platte anrichten, Dünstflüssigkeit mit Soßenpulver binden, aufkochen lassen. Paprikaschoten mit Soße umgießen. Grünen Salat oder Fleischspießchen dazu reichen.

Gefüllte Tomaten
(Rezept Seite 102)

Gefüllte Zwiebeln

füllte Paprikaschoten

GEFÜLLTE TOMATEN

Punjeni paradajz (jug.)

4 Portionen à ca. 150 kcal (630 kJ)

4 Fleischtomaten. – Füllung: *500 g Champignons, 2 Zwiebeln, 1 Knoblauchzehe, 1 Bund Petersilie, 2 EL Margarine, 1–2 Sardellenfilets, 2 EL Semmelbrösel, Salz, Pfeffer, 1–2 Eier.*

Von den Tomaten die Deckel abschneiden, Tomaten aushöhlen. Inneres und Deckel mit 1 Tasse Wasser 5 Min. durchkochen, durch ein Sieb gießen, beiseite stellen. – *Füllung:* Pilze putzen, waschen, grob hacken. Zwiebeln und Knoblauch schälen, in Ringe schneiden. Petersilie feinhacken. Margarine erhitzen, Pilze, Zwiebeln, Knoblauch und Petersilie 10 Min. bei mittlerer Hitze darin dünsten. Zuletzt feingehackte Sardellenfilets, Semmelbrösel, Salz, Pfeffer und Eier untermischen. Tomaten mit der Masse füllen, in gefettete feuerfeste Form geben. Tomatensud zugießen, alles im 180° (Gas Stufe 2) heißen Backofen 30 Min. garen. Beilage: Kartoffeln (Foto Seite 101).

GEMÜSERAGOUT BULGARISCHE ART

Blgarski ragu (bulg.)

4 Portionen à ca. 270 kcal (1130 kJ)

1 Aubergine, 1 Dose Okraschoten, 1 grüne Paprikaschote, 6 Tomaten, 2 Zwiebeln, 2 Knoblauchzehen, 3 Zweige frisches Basilikum, Salz, Pfeffer, 2 EL Olivenöl, 1 EL geriebener Käse, 100 g Schafkäse.

Aubergine waschen, in 1 cm dicke Scheiben schneiden. Okraschoten abtropfen lassen. Paprikaschote halbieren, entkernen, in Streifen teilen. Tomaten häuten und vierteln. Zwiebeln und Knoblauchzehen schälen, zusammen mit Basilikum feinhacken. Gefettete feuerfeste Form mit Zwiebel- und Knoblauchwürfeln bestreuen, Gemüse darauflegen. Mit Basilikum, Salz und Pfeffer bestreuen, mit Öl beträufeln. Gemüseragout im auf 200° (Gas Stufe 3) vorgeheizten Backofen insgesamt 45 Min. garen. Nach 30 Min. Garzeit mit geriebenem Käse und in Scheiben geschnittenem Schafkäse belegen. Zu Leckerem vom Grill oder solo mit Weißbrot servieren.

LAUCHREIS „MAZEDONIEN“

Duveč od praziluka (jug.)

4 Portionen à ca. 355 kcal (1485 kJ)

8 Stangen Lauch (nicht allzu dick), Salz, 4 EL Olivenöl, 1 TL Edelsüß-Paprika, 4 Tomaten, 1 getrocknete Chilischote, 125 g Langkornreis, 1/4 l Fleischbrühe (Würfel), Saft von 1/2 Zitrone.

Lauch putzen, waschen und in 5 cm lange Stücke schneiden. Lauch in Salzwasser 1 Min. kochen, danach abgießen. Öl in Kasserolle erhitzen, Lauch 6 Min. darin andünsten. Paprikapulver, kleingeschnittene Chilischote und Reis zugeben, 1 Min. anschwitzen. Gehäutete, in Scheiben geschnittene Tomaten darauflegen, mit Fleischbrühe auffüllen. Lauchreis etwa 15–18 Min. körnig kochen, zuletzt mit Zitronensaft beträufeln. Schmeckt zu gegrilltem und gebratenem Fleisch.

Variation: Debrecziner oder Bauernwürste in Scheiben schneiden, mitgaren.

UNGARISCHES PAPRIKAGEMÜSE

Lecsó (ung.)

4 Portionen à ca. 260 kcal (1090 kJ)

750 g gelbe und grüne Paprikaschoten, 500 g Tomaten, 2 Zwiebeln, 50 g durchwachsener Räucherspeck, 50 g Schweineschmalz, 1 EL Rosenpaprika, Salz.

Paprikaschoten waschen, entkernen, in Streifen schneiden. Tomaten häuten, entkernen, vierteln. Zwiebeln schälen und würfeln. Speck in Streifen schneiden, im Topf ausbraten. Schweineschmalz und Zwiebeln zufügen, Zwiebeln goldgelb dünsten. Mit Rosenpaprika überstäuben. Paprika und Tomaten zufügen und alles bei milder Hitze 30 Min. garen. Lecsó mit Salz abschmekken. Zu Fleischgerichten oder als warmes Abendessen mit Pellkartoffeln oder Grießnockerln reichen.

Reichhaltiger wird der Lecsó durch Hinzugeben von Scheiben der scharfen Debrecziner Wurst oder mitgegartem Reis.

BULGUR

Weizenschrotbrei (türk.)

4 Portionen à ca. 240 kcal (1005 kJ)

1 1/2 Tassen Bulgur (Weizenschrot), 3 Zwiebeln, 2 EL Schweineschmalz, 1 Dose Tomatenmark, 3 Tassen Hühnerbrühe (Würfel), Salz, 1–2 Zweige frischer Thymian.

Zwiebeln schälen, in kleine Würfel schneiden. Schmalz im Topf erhitzen, Zwiebelwürfel darin 8–10 Min. weichdünsten. Tomatenmark unterrühren. Bulgur und Hühnerbrühe zugeben, mit Salz und Thymian würzen, alles 25 Min. zugedeckt bei geringer Hitze quellen lassen.

MAISGNOCCHI

Gnocchi od kukuruznog (jug.)

4 Portionen à ca. 220 kcal (920 kJ)

2 Tassen Maisgrieß, Salz, Margarine, 1 Btl. geriebener Käse.

4 Tassen Wasser mit Salz zum Kochen bringen, Maisgrieß unter Rühren einstreuen. Maisbrei ca. 20 Min. bei geringer Hitze quellen lassen. Von der Masse mit 2 in Wasser getauchten Löffeln Klöße abstechen. Diese auf eine gefettete Platte legen, mit geriebenem Käse bestreuen. Gnocchi unterm vorgeheizten Grill oder im Backofen goldgelb überbacken.

GRIESS-QUARK-KNÖDEL

Knedle od griza (jug.)

4 Portionen à ca. 335 kcal (1400 kJ)

125 g Grieß, 250 g Magerquark, Salz, 3–4 Eier, 3 EL Butter, 2 EL Semmelbrösel.

Grieß, Magerquark und Salz zu einem Teig verkneten. Eigelb unterrühren und die Masse 3–4 Std. zugedeckt stehen lassen. Danach das Eiweiß steifschlagen, Eischnee unter die Teigmasse ziehen. Teig mit den Händen zu einem länglichen Laib formen, in eine nasse Leinenserviette einschlagen, Serviette zubinden. Knödel in reichlich kochendem Salzwasser 1 Min. kochen lassen, Hitze reduzieren, noch 25 Min. ziehen lassen. Ist der Kloß an die Wasseroberfläche gestiegen, ist er gar. Knödel herausnehmen und in Scheiben schneiden. Mit in Butter gebräunten Semmelbröseln übergießen.

Bulgur
Maisgnocchi
ieß-Quark-Knödel

KARTOFFELNUDELN

Testo od krompira (jug.)

4 Portionen à ca. 695 kcal (2910 kJ)

1 kg mehlig-kochende Kartoffeln, Salz, 3 Eigelb, 150 g Butter oder Margarine, 200 g Mehl, Muskat.

Pellkartoffeln kochen, ausdämpfen lassen, durchpressen. Kartoffelmasse mit Eigelb, 50 g geschmeidigem Fett, Mehl, Muskat und Salz zu einem Teig verkneten. Aus dem Teig daumendicke, an den Enden spitz zulaufende Röllchen formen. Diese in reichlich kochendem Salzwasser 5 Min. ziehen lassen, herausnehmen, abtropfen lassen. Danach im übrigen heißen Fett ringsum goldbraun braten.

DUVEČ

Paprikareis (jug.)

4 Portionen à ca. 340 kcal (1425 kJ)

2 Tassen Langkornreis, 2 Zwiebeln, 1 rote Paprikaschote, 50 g Schweineschmalz, 2 EL Tomatenmark, 1/2 TL Rosenpaprika, Salz, 4 Tassen Hühner- oder Fleischbrühe (Würfel).

Reis waschen, abtropfen lassen. Zwiebeln schälen, feinhacken. Paprikaschote entkernen, in kleine Würfel schneiden. Schmalz erhitzen, Zwiebeln und Paprika 2 Min. gelb dünsten. Reis, Tomatenmark, Rosenpaprika und Salz zugeben und unter Rühren solange anrösten, bis das Fett aufgesogen ist. Heiße Fleischbrühe zugießen und Duveč bei milder Hitze 20 Min. quellen lassen. Nach Belieben mit Salz und Pfeffer abschmecken.

MAISBREI

Kačamak (jug.)

4 Portionen à ca. 360 kcal (1505 kJ)

2 Tassen Maisgrieß, 4 Tassen Wasser, Salz, 4 EL Butter oder Margarine, 75 g Schafkäse.

Wasser mit Salz und 2 EL Butter zum Kochen bringen, Maisgrieß unter Rühren hineinstreuen. Maisbrei bei geringer Hitze 20 Min. quellen lassen. 5 Min. vor Ende der Quellzeit feinzerbröckelten Schafkäse unterrühren. Maisbrei mit gebräunter Butter beträufeln.

Abwandlung: Maisbrei 2 cm dick auf kalt abgespültes Blech streichen. Nach dem Erkalten Halbmonde oder Kreise ausstechen, diese in gefettete feuerfeste Form geben und mit reichlich geriebenem Käse bestreuen. Im auf 200° (Gas Stufe 3) vorgeheizten Backofen ca. 25 Min. backen.

PILAW

Türkischer Reis (türk.)

4 Portionen à ca. 370 kcal (1550 kJ)

300 g Langkornreis, Salz, 2 EL Butter oder Margarine, 1/2 l Fleisch- oder Hühnerbrühe, 1 Kapsel Safran, 1 EL Pinienkerne.

Langkornreis 1 Stunde in viel kaltem Salzwasser einweichen, danach Wasser abgießen, Reiskörner auf einem Tuch trocknen lassen. Butter oder Margarine erhitzen, Reis kurz im heißen Fett wenden. Danach Brühe, Safran und Pinienkerne zugeben, alles zum Kochen bringen. Reis einmal umrühren, Hitze auf kleinste Stufe reduzieren und den Reis 20–25 Min. quellen lassen. Vor dem Servieren Pilaw mit einer Gabel lockern.

Variation: Zusätzlich können Würfelchen von gehäuteten Tomaten, Zucchini oder auch grüne Erbsen oder Linsen mitgegart werden.

SEMMELKLOSS NACH SLAWONISCHER ART

Slavonske knedle (jug.)

4 Portionen à ca. 570 kcal (2385 kJ)

5 Brötchen, 1/8 l Milch, 3 Eier, 150 g Butter, 1 Bund Petersilie, Salz, Pfeffer, Muskat, 1/2 Becher saure Sahne.

Brötchen in dünne Scheiben schneiden, mit warmer Milch übergießen. Eier mit 100 g weicher Butter, gehackter Petersilie, Salz, Pfeffer und Muskat verquirlen, zu den Brötchen geben. Alles gut miteinander verkneten, Masse zu einem großen Kloß formen. Eine Leinenserviette mit zerlassener Butter einfetten, Kloß darauflegen, Tuchenden zusammenbinden. Serviettenkloß in reichlich kochendes Wasser legen, 1 Min. kochen lassen. Danach die Hitze reduzieren und den Kloß 30 Min. ziehen lassen. Kloß aus der Serviette nehmen, mit Messer oder starkem Zwirn in Scheiben schneiden, mit brauner Butter und saurer Sahne übergießen.

MANDELCREME MIT APRIKOSENSOSSE

Maadan hasultan (türk.)

4 Portionen à ca. 525 kcal (2195 kJ)

¼ l Milch, ½ Vanilleschote, 4 Blatt helle Gelatine, 4 Eigelb, 75 g Zucker, einige Tropfen Mandel-Backaroma, 75 g geschälte, gemahlene Mandeln, 1 Becher süße Sahne. – Soße: *½ Dose Aprikosen, 1 EL Zucker, Saft von ½ Zitrone. – 4 frische Erdbeeren.*

Milch mit aufgeschnittener Vanilleschote erhitzen. Gelatine 5 Min. in kaltem Wasser einweichen. Eigelb mit Zucker und Backaroma weißcremig rühren. Milch (Vanilleschote herausnehmen) zugießen, Creme im Wasserbad 3 Min. schaumigschlagen. Creme aus dem Wasserbad nehmen, ausgedrückte Gelatine und Mandeln unterrühren. Creme in den Kühlschrank stellen. Beginnt die Masse zu stocken, steifgeschlagene Sahne unterheben. Mandelcreme in Schälchen füllen. – *Soße:* Aprikosen mit Saft pürieren, mit Zucker und Zitronensaft abschmecken. Desserts mit Soße und Erdbeeren garnieren.

PFIRSICHSALAT „SULTAN“

Kompot od breškva (jug.)

4 Portionen à ca. 315 kcal (1320 kJ)

1 Dose Pfirsichhälften, ½ Dose Feigen, 1 EL Honig, 1 Pck. Vanillinzucker, 2 EL Rosenwasser, 1 Btl. Mandelblättchen, 1 Becher süße Sahne.

Pfirsichhälften und Feigen im Sieb abtropfen lassen, Früchte halbieren. Fruchtsaft mit Honig, Vanillinzucker und Rosenwasser 2 Min. sprudelnd kochen lassen, über die Früchte gießen, abkühlen lassen. Mandelblättchen unterm Grill goldbraun rösten, über den Obstsalat streuen. Sahne halbsteif schlagen, getrennt dazu reichen.

Variation: Dieser feine Obstsalat kann aus vielerlei Obstsorten zubereitet werden. Statt der Pfirsiche bieten sich gedünstete Aprikosen, Birnen, Äpfel oder frische Orangenfilets (dann statt mit Rosenwasser mit Orangenblütenwasser würzen) an.

Mandelcreme
mit Aprikosensoße

Pfirsichsalat „Sultan“

WEISSE HALVA

Bela alva (jug.)

Ca. 20 Stücke à ca. 135 kcal (565 kJ)
4 Eiweiß, 250 g Zucker, 100 g Honig, 200 g gemischte Nüsse, in Scheiben geschnitten, rechteckige große Oblaten.

Eiweiß zu steifem Schnee schlagen. Zucker unter ständigem Schlagen einrieseln lassen. Masse so lange schlagen, bis der Zucker vollständig gelöst ist. Honig erwärmen, unter die Eiweißmasse ziehen. Masse im Wasserbad ca. 30 Min. rühren, bis sie dicklich ist. Schüssel aus dem Wasserbad nehmen, zerkleinerte Nüsse unterziehen. Halvamasse 2 cm dick auf Oblaten streichen, mit einer zweiten Oblate bedecken. Masse 12–16 Stunden beschweren (Holzbrettchen auf die Oblaten legen, Konservendose daraufstellen). Halva in rechteckige Stücke schneiden, wie Konfekt servieren.

PALATSCHINKEN

Palacsinta (ung.)

4 Portionen (ohne Füllung) à ca. 340 kcal (1425 kJ)
Teig: *175 g Mehl, 3 Eier, 1/4 l Milch, 1 Prise Salz. – Margarine zum Braten.*

Mehl mit Eiern, Milch und Salz zu dünnflüssigem Teig verrühren, 15 Min. stehen lassen. Danach in einer leicht gefetteten Pfanne 8 hauchdünne Pfannkuchen braten. Pfannkuchen mit einer der untenstehenden Füllungen bestreichen und zusammenrollen. Palatschinken auf vorgewärmte Platte legen und bis zum Servieren im 50° (Gas 1/2 Stufe) heißen Backofen warm stellen.

Nußfüllung: 200 g grob gemahlene Nüsse mit 25 g Puderzucker, 1 Pck. Vanillinzucker und 1 Eiweiß erwärmen. Palatschinken damit füllen, mit mit Kirschwasser aromatisierter Schlagsahne garnieren.

Quarkfüllung: 250 g Quark mit 2 EL saurer Sahne, 1 Eigelb, 1 Msp. Zitronenschalengewürz, 1 EL Zucker und 2 EL in Rum eingeweichten Rosinen verrühren. Pfannkuchen füllen, zusammenrollen, mit zerlassener Kuvertüre beträufeln oder mit Eiermilch aus 2 Eigelb und 3 EL Milch übergießen und im 180° (Gas Stufe 2) heißen Ofen 15 Min. überbacken. Mit Puderzucker bestäuben.

Schokoladenfüllung: 1 Tafel Halbbitter-Schokolade mit 3 EL süßer Sahne und 1 Msp. gemahlenem Ingwer im Wasserbad zerlassen. Palatschinken damit füllen, dick mit Puderzucker bestäuben.

Marmeladenfüllung: 1/2 Glas Aprikosenmarmelade mit 3 EL Marillenlikör verrühren, Palatschinken damit bestreichen. Zusammenrollen, dick mit Puderzucker bestäubt servieren.

HONIGÄPFEL

Šeher-jabuke (jug.)

4 Portionen à ca. 300 kcal (1255 kJ)

4 große Äpfel, 4 EL Honig, 1/4 l Weißwein, 2 EL Butter, 1 EL Zucker, 1 Btl. Mandelblättchen.

Äpfel schälen und Kerngehäuse mit Apfelausstecher ausstechen. Äpfel in feuerfeste Form geben, in die Höhlungen Honig einfüllen. Weißwein zugießen, Äpfel im auf 200° (Gas Stufe 3) vorgeheizten Backofen 15–20 Min. braten. Inzwischen Butter, Zucker und 2 EL Wasser aufkochen lassen. Sirup über die Äpfel gießen, Honigäpfel mit Mandelblättchen bestreuen.

BOSNISCHES PFLAUMENPÜREE

Bosanske šljive (jug.)

4 Portionen à ca. 520 kcal (2175 kJ)

500 g entsteinte Trockenpflaumen, 1/4 l Weißwein, 3 EL Zucker, 4 Eiweiß, 1/2 Becher süße Sahne, 2 EL gehackte Walnüsse.

Trockenpflaumen in Weißwein mindestens 12 Std. einweichen. Danach mit dem elektrischen Schneidestab pürieren. Mus mit der Hälfte Zucker süßen. Eiweiß steifschlagen, restlichen Zucker unterschlagen. Eischnee unter das Pflaumenpüree rühren. Püree in Schälchen füllen, mit steifgeschlagener Sahne garnieren und mit Walnüssen bestreuen.

MARZIPANDATTELN

Mishlakat haneger (türk.)

Ca. 30 Stück à ca. 130 kcal (555 kJ)

30 Datteln, 30 gehäutete Mandeln, 1 Pck. (200 g) Marzipanrohmasse, 150 g Puderzucker, Rosenwasser (Drogerie).

Datteln entkernen, in die Öffnungen je eine Mandel hineinstecken. Marzipanrohmasse mit 100 g Puderzucker und 3 EL Rosenwasser verkneten. Marzipan zu dicker Rolle formen, diese in 30 Scheiben schneiden. Aus jeder Scheibe einen Streifen formen, je eine Dattel darin einrollen. Marzipandatteln in Rosenwasser wenden, im restlichen Puderzucker wälzen.

FLADENBROT

Pide (türk.)

4 Brote à ca. 930 kcal (3890 kJ)

Hefeteig: *1 Würfel (40 g) Hefe, knapp ½ l lauwarmes Wasser, 800 g Mehl, 2 TL Salz, 6–8 EL Öl. – 2 Eigelb, 4 EL Kondensmilch, Sesamsamen, Kümmelgewürz (türkisches Produkt).*

Hefe im Wasser auflösen und mit gesiebtem Mehl, Salz und Öl zu einem geschmeidigen Teig verarbeiten. Teig mit wenig Mehl bestäuben, mit Küchentuch zudecken und Hefeteig etwa 2 Std. an warmem Ort gehen lassen. Teig in 4 Teile teilen, jedes Teigstück 2 cm dick zu rechteckiger Platte auswellen. Teigfladen auf gefettetes, bemehltes Backblech legen, mit mit Kondensmilch verquirltem Ei bestreichen, mit Sesamsamen und Kümmelgewürz bestreuen. Fladenbrot im auf 180° (Gas Stufe 2) vorgeheizten Backofen 20 Min. backen. Zu Käse- oder Wurstaufschnitt reichen.

Einfaches Fladenbrot: Hefeteig wie im Rezept oben beschrieben zubereiten und gehen lassen. Hefeteig in 6 Teile teilen. Jedes Teigstück 1 cm hoch zu rechteckiger Platte ausrollen, mit Messer rautenförmig einritzen. Fladenbrot im auf 180° (Gas Stufe 2) vorgeheizten Backofen 15 Min. backen. Gebackenes Brot sofort in Rauten schneiden, Brotstücke in eine mit einer Serviette ausgekleidete Schüssel mit Deckel schichten.

BULGARISCHER KÄSEFLADEN

Blgarska baniica (bulg.)

12 Stücke à ca. 310 kcal (1295 kJ)

200 g Schafkäse, 3 Eier, je 1 Tasse Buttermilch oder Vollmilch und Öl, 400 g Mehl, 1 Pck. Backpulver, 1 gestrichener TL Salz, 2 TL Kümmel.

150 g Schafkäse mit einer Gabel zerdrücken, Eier, Milch und Öl zugeben und verquirlen. Mehl mit Backpulver sieben, zusammen mit dem Salz zugeben. Masse zu einem Teig verarbeiten. Teig in eine mit Öl eingefettete Springform füllen, mit restlichem, in Stücke geschnittenem Schafkäse belegen, mit Kümmel bestreuen und den Käsefladen im auf 180° (Gas Stufe 2) vorgeheizten Backofen etwa 35 Min. backen. Warm oder kalt zu Käse, gemischtem Salat oder Gemüseeintopf servieren.

adenbrot

lgarischer Käsefladen

OBSTFLADEN

Vočna pita (jug.)

12 Stücke à ca. 285 kcal (1190 kJ)

Teig: *125 g geschmeidige Butter oder Margarine, 2 Eigelb, 100 g Zucker, 1 Pck. Vanillinzucker, 300 g Mehl.* – Füllung: *750 g säuerliche Äpfel, 100 g Zucker, 3 EL gemahlene Nüsse oder Semmelbrösel, 1 TL Zimt, 1 Msp. Zitronenschalengewürz. – 1 Eiweiß, Puderzucker.*

Teig: Butter, Eigelb, Zucker und Vanillinzucker weißschaumig rühren. Mehl darübersieben und alles zu einem Teig verarbeiten. Teig 30 Min. ruhen lassen. – *Füllung:* Äpfel schälen, entkernen, in Scheiben schneiden. Äpfel mit den übrigen Zutaten vermischen. Teig halbieren, jedes Teigstück zu runder Platte auswellen. Gefettete Springform mit einer Teigplatte auslegen, Apfelfüllung hineingeben. Zweite Teigplatte darüberlegen, Ränder festdrücken. Oberfläche 2–3 mal einstechen, mit verquirltem Eiweiß bepinseln. Obstfladen im auf 180° (Gas Stufe 2) vorgeheizten Backofen etwa 35–40 Min. goldgelb backen. Mit Puderzucker bestäubt warm oder kalt servieren.

Variation: Statt mit Äpfeln mundet der Obstfladen auch mit einer *Sauerkirschfüllung:* 750 g Sauerkirschen entsteinen, mit 3 EL gemahlenen Nüssen, 100 g Zucker und 3 EL Kirschwasser vermischen.

BAKLAVA

Nuß-Honig-Schnitten (türk.)

10 Scheiben à ca. 555 kcal (2320 kJ)

1 Pck. TK-Blätterteig, 125 g Butter, 250 g grobgehackte Walnüsse, 75 g gehäutete gemahlene Mandeln, 75 g gehackte Pistazien, 1 Glas (250 g) Honig, 3 EL Orangensaft, Saft von ½ Zitrone.

Blätterteigplatten nach Vorschrift antauen lassen. Butter zerlassen. Den Boden einer kleinen Kastenform mit einem Alufolienstreifen auslegen. Formenränder und Alufolie gut einfetten. Jede Teigplatte zu doppelter Kastenformgröße ausrollen. Teigblatt längs halbieren. Eine Teigplatte in die Form legen, reichlich mit Butter bepinseln, mit gemischten Nüssen bestreuen. Diesen Vorgang so lange wiederholen, bis alle Teigplatten und die Nußmasse verbraucht sind. Oberste Lage ist eine Teigplatte, mit Butter bepinselt. Gebäck im auf 180° (Gas Stufe 2) vorgeheizten Backofen ca. 15 Min. auf unterster, dann 30 Min. auf mittlerer Schiebeleiste backen. Inzwischen Honig erwärmen, Orangen- und Zitronensaft unterrühren. Sirup über den Kuchen gießen, über Nacht einziehen lassen. Baklava in dünne Scheiben schneiden.

MAISBROT

Proja (jug.)

16 Stücke à ca. 270 kcal (1130 kJ)

750 g Maismehl, 1 TL Backpulver, 1/4 l Milch, Salz, 300 g Schafkäse, 3 Eier, Margarine.

Maismehl mit Backpulver mischen. Mehl mit kochender Milch und etwas heißem Salzwasser verrühren, so daß eine feste Teigmasse entsteht. Schafkäse mit einer Gabel zerdrücken, Eigelb unterrühren. Eiweiß zu Schnee schlagen. Käsemasse unter den Teig rühren, Eischnee locker unterziehen. Teig in große, gefettete Springform füllen, Oberfläche mit nassem Löffel glattstreichen. Maisbrot im auf 180° (Gas Stufe 2) vorgeheizten Backofen ca. 45 Min. backen.

Das Maisbrot schmeckt bestens zu Käse oder gemischtem Salat.

GRIESSKUCHEN

Revani (türk.)

12 Stücke à ca. 290 kcal (1215 kJ)

Teig: *5 Eier, 85 g Zucker, 85 g Butter oder Margarine, je 175 g Grieß und Mehl, 1 TL Backpulver.* – Sirup: *2 Tassen Zucker, 3 Tassen Wasser, 1 TL Zitronensaft.*

Sirup: Zucker mit Wasser 15 Min. sprudelnd kochen lassen, zuletzt Zitronensaft zugießen. Sirup erkalten lassen. – *Teig:* Eier trennen. Eigelb mit Zucker weißschaumig rühren. Zerlassene, lauwarme Butter unterrühren. Eiweiß zu steifem Schnee schlagen. Eischnee auf die Schaummasse geben, Grieß und mit Backpulver gemischtes, gesiebtes Mehl daraufhäufen. Alles vorsichtig untereinandermischen. Teig in gefettete, mit Grieß ausgestreute Springform füllen und im auf 180° (Gas Stufe 2) vorgeheizten Backofen 25–30 Min. backen. Den fertig gebackenen, noch heißen Kuchen mit einem Holzstäbchen oder Stricknadel mehrmals einstechen, völlig erkalteten Zuckersirup darüberträufeln. Den Grießkuchen mindestens 12 Stunden in der Form stehen lassen, bis der Sirup völlig in den Kuchen eingedrungen ist. Danach aus der Form nehmen.

Nach Belieben leicht gesüßte Schlagsahne dazu reichen.

In Alufolie eingeschlagen bleibt der Grießkuchen mehrere Tage lang schön saftig und wunderbar frisch.

FRITIERTE BLÄTTERTEIGRÖLLCHEN

Sigara böregi (türk.)

30 Röllchen à ca. 95 kcal (395 kJ)

1 Pck. TK-Blätterteig, 400 g Schafkäse, 1 Bund Petersilie, 1 TL Edelsüß-Paprika. – Backfett.

Teigplatten auftauen lassen. Schafkäse mit einer Gabel zerdrücken, feingehackte Petersilie und Paprikapulver untermischen. Jede Teigplatte 2 mm dick zu rechteckiger Platte auswellen. Aus jedem Rechteck 5 spitz zulaufende Dreiecke schneiden. Auf jedes Teigstück einen Teelöffel Schafkäse geben, Ränder mit wenig Wasser bepinseln, Dreiecke von der Grundlinie zur Spitze hin zusammenrollen. Teigspitze leicht andrücken, damit die Röllchen später nicht aufgehen. Röllchen 30 Min. ruhen lassen, anschließend portionsweise im 180° heißen Backfett schwimmend goldgelb fritieren. Sigara böregi ißt man warm oder kalt als Vorspeise oder als Knabberei zu Wein oder Tee.

PIKANTER BLÄTTERTEIGKUCHEN

Tepsi böregi (türk.)

16 Stücke à ca. 410 kcal (1715 kJ)

2 Pck. (à 5 Teigplatten) TK-Blätterteig, ½ l Milch, 2 Tassen Öl, ½ Becher Naturjoghurt, 2 Eier, 3–4 EL Kondensmilch, 1 TL Salz, 400 g Schafkäse, 1 Bund Petersilie. – 1 Eigelb, 2 EL Kondensmilch.

Hierzu brauchen Sie eine geschlossene Kuchenform mit 6 cm hohem Rand. Die Formen heißen im Ursprungsland „tepsi“, daher der Name des Kuchens. Ersatzweise nehmen Sie eine Springform und legen sie ganz mit Alufolie aus. So kann die Flüssigkeit nicht entweichen. – Blätterteigplatten auftauen lassen. Milch, Öl, Joghurt, Eier, Kondensmilch und Salz miteinander verquirlen. Schafkäse mit einer Gabel zerdrücken, feingehackte Petersilie untermischen. Jede Teigplatte 2 mm dick auswellen. Kuchenform einölen, mit einer Teigplatte auskleiden. Einige Eßlöffel von der Eiermilch darübergeben. Jetzt die nächste Teigschicht darauflegen, wieder mit Eiermilch tränken. Beim Einschichten darauf achten, daß die Teigplatten nicht korrekt nebeneinander liegen, sondern locker hineingelegt werden. Ist die Hälfte der Teigplatten und Eiermilch verbraucht, zerdrückten Schafkäse daraufstreichen. Dann wieder

Pikanter Blätterteigkuchen
Fritierte Blätterteigröllchen

Teigplatten und Eiermilch darübergeben. Der Kuchen muß mit einer Blätterteigschicht abschließen. Oberfläche mit mit Kondensmilch verquirltem Eigelb bestreichen. Kuchen im auf 200° (Gas Stufe 3) vorgeheizten Backofen etwa 45 Min. goldbraun backen. Der „vielschichtige" Kuchen wird warm oder kalt zu Tee, Joghurtgetränk oder Wein serviert oder wir reichen ihn mit grünem Salat als Hauptmahlzeit.

Variation: Die Schafkäsefüllung können Sie durch eine Farce aus 250 g Rinderhack, 1 gewürfelten Zwiebel, 1 Bund feingehackter Petersilie sowie Salz und Pfeffer ersetzen.

Im Originalrezept wird „tepsi böregi" aus einem speziellen Teig, ähnlich dem uns bekannten Strudelteig, hergestellt. Da dessen Zubereitung allerdings sehr aufwendig ist, verzichteten wir darauf und empfehlen Ihnen statt dessen die Verwendung von tiefgefrorenem Blätterteig.

SAUERKRAUTKUCHEN

Savanyú kápozzta rétes (ung.)

12 Stücke à ca. 210 kcal (880 kJ)

Teig: *125 g Quark, 1 gestrichener TL Salz, 1 Ei, 3 EL Öl, 250 g Mehl, 1 Pck. Backpulver.* – Belag: *1 Dose Sauerkraut, 1 Zwiebel, 1 EL Margarine, 1 Becher Joghurt, 2 Eier, 100 g Räucherspeck, in dünne Scheiben geschnitten.*

Teig: Quark mit Salz, Ei und Öl verrühren. Gesiebtes Mehl, mit Backpulver vermischt, zugeben, alles zu einem geschmeidigen Teig verkneten. Teig zu runder Platte auswellen, eine gefettete Springform damit auskleiden. – *Belag:* Sauerkraut fein zerpflücken. Gewürfelte Zwiebel im Fett gelb dünsten. Kraut, Zwiebeln, Joghurt, Eier, Salz, Pfeffer miteinander mischen, in die Backform füllen. Kuchen mit Speckscheiben belegen und im auf 200° (Gas Stufe 3) vorgeheizten Backofen ca. 45 Min. backen. Den pikanten Kuchen können Sie warm oder kalt servieren.

KARTOFFEL-LAUCH-KUCHEN

Pita sa prazilukom (jug.)

12 Stücke à ca. 220 kcal (920 kJ)

Teig: *500 g Kartoffeln, 1 Pck. Dauerbackhefe, knapp 1/8 l Milch, 200 g Mehl, 1 Eigelb, 1 EL Margarine.* – Füllung: *5 Stangen Lauch, 150 g gekochter Schinken, 1 Becher saure Sahne, 2 Eier, Streuwürze, Muskat. – 3 Tomaten, 1 Btl. geriebener Käse, Öl.*

Teig: Kartoffeln kochen, pellen, durch eine Presse drücken. Hefe mit lauwarmer Milch verrühren, 5 Min. stehen lassen. Kartoffelmasse, Hefeansatz, Mehl, Eigelb, Margarine und Salz zu einem Teig verkneten, Teig 20 Min. ruhen lassen. – *Füllung:* Lauch putzen, waschen, in Stücke schneiden. Lauch in wenig Salzwasser 15 Min. dünsten, abtropfen lassen. Schinken in Würfel schneiden. Lauch und Schinken mit saurer Sahne, Eiern, Streuwürze und Muskat verrühren. – Teig halbieren, jedes Teigstück zu runder Platte auswellen. Gefettete Kuchenform mit einer Teigplatte auskleiden, Füllung hineingeben, zweite Teigplatte darüberlegen. Ränder leicht zusammendrücken. Auf die Kuchenoberfläche in Scheiben geschnittene Tomaten legen, Käse darüberstreuen. Kuchen mit etwas Öl beträufeln und im auf 180° (Gas Stufe 2) vorgeheizten Backofen ca. 45 Min. backen. Warm servieren.

STRUDEL

Pita (jug.)

Teig: *300 g Mehl, 1 Ei, 1 EL Öl, 1 Msp. Salz, knapp 1/8 l lauwarmes Wasser.*

Gesiebtes Mehl mit Ei, Öl, Salz und lauwarmem Wasser zu einem geschmeidigen Teig kneten. Teigkugel auf leicht bemehltes Backbrett geben und durch Auseinanderziehen und Zusammenkneten zu einem festen Teig verarbeiten. Strudelteig unter einer angewärmten Schüssel 30 Min. ruhen lassen. Anschließend Teig auf großem, mit etwas Mehl bestäubtem Tuch mit Wellholz so groß wie möglich ausrollen. Danach mit den Handrücken unter die Teigplatte fassen und Teig vorsichtig zu den Rändern hin hauchdünn ausziehen. Strudel beliebig füllen (siehe folgende Seiten). Jetzt die Teigplatte mit Hilfe des Tuches zum Strudel zusammenrollen, Strudel auf gefettetes Backblech legen, Teigenden unterschlagen. Im auf 200° (Gas Stufe 3) vorgeheizten Backofen ca. 30 Min. goldbraun backen.

QUARKSTRUDEL

Slatka pita sa sirom (jug.)

Ca. 12 Scheiben à ca. 310 kcal (1295 kJ)

Teigzutaten siehe Grundrezept. – Füllung: *500 g Quark, 3 Eier, 150 g Zucker, Saft von ½ Zitrone, ½ Becher saure Sahne, 50 g in 2 EL Rum eingeweichte Rosinen. – 50 g zerlassene Butter, 1 Tasse gemahlene Haselnüsse, Puderzucker.*

Strudelteig nach Angaben im Grundrezept (siehe Seite 119) zubereiten. – *Füllung:* Quark mit Eigelb, Zucker, Zitronensaft und saurer Sahne cremigrühren. Eiweiß zu Schnee schlagen. Eischnee und Rosinen unter die Quarkmasse ziehen. Hauchdünn ausgezogene Teigplatte mit Fett bepinseln, mit Nüssen bestreuen. Quarkmasse darauf verstreichen. Strudel zusammenrollen und nach Angaben backen. Quarkstrudel warm oder kalt, dick mit Puderzucker bestreut, servieren.

Naschkatzen genießen zu diesem Strudel eine cremigsüße Vanillesoße, die kalt oder warm sein darf. Der leicht säuerliche Quarkgeschmack wird so bestens abgerundet.

MOHNSTRUDEL

Makovnjača (jug.)

Ca. 12 Scheiben à ca. 235 kcal (985 kJ)

Teigzutaten siehe Grundrezept. – Füllung: *150 g Mohn, ⅛ l Milch, 1 Ei, 100 g Zucker, 2–3 Tropfen Bittermandelöl, 2 Äpfel. – Puderzucker.*

Strudelteig nach Angaben im Grundrezept (siehe Seite 119) zubereiten. – *Füllung:* Mohn im Mixer feinmahlen. Danach mit Milch einmal aufkochen lassen. Unter die Mohnmasse Ei, Zucker und Bittermandelöl rühren. Äpfel schälen, entkernen, in Schnitze schneiden. Mohnmasse auf der dünn ausgezogenen Teigplatte verstreichen, Apfelschnitze darauf verteilen. Strudel zusammenrollen und nach Angaben backen. Mit Puderzucker besieben.

Mohnstrudel
Quarkstrudel

KIRSCHENSTRUDEL

Pita sa višnjama (jug.)

Ca. 12 Scheiben à ca. 305 kcal (1275 kJ)

Teigzutaten siehe Grundrezept. – Füllung: *750 g Süß- oder Sauerkirschen, 75 g Semmelbrösel, 75 g Butter oder Margarine, 1 Löffelspitze Zitronenschalengewürz, 75 g gemahlene Nüsse, 150 g Zucker. – 2 EL Kondensmilch, Puderzucker.*

Strudelteig nach Angaben im Grundrezept (siehe Seite 119) zubereiten. – *Füllung:* Kirschen entstielen und entsteinen. Brösel in Fett gelb rösten, Zitronenschalengewürz, Nüsse und Zucker untermischen. Diese Mischung auf der ausgezogenen Teigplatte verstreichen, Kirschen daraufstreuen. Strudel zusammenrollen und aufs Backblech legen. Mit Kondensmilch bepinseln und nach Angaben backen. Noch warm mit Puderzucker bestäuben.

Abwandlung: In Serbien ißt man besonders gern einen Kürbisstrudel. Sie bereiten ihn nach demselben Rezept zu und tauschen die angegebene Kirschenmenge gegen geraspeltes Kürbisfruchtfleisch aus.

HACKFLEISCHSTRUDEL

Pita sa mlevenim mesom (jug.)

Ca. 12 Scheiben à ca. 265 kcal (1110 kJ)

Teigzutaten siehe Grundrezept. – Füllung: *500 g gemischtes Hackfleisch, 2 Zwiebeln, 1 Knoblauchzehe, 1 rote Paprikaschote, 1 Bund Petersilie, 2 EL Öl, Salz, Pfeffer, 1/2 Becher saure Sahne, 3 EL Semmelbrösel. – Margarine.*

Strudelteig nach Angaben im Grundrezept (siehe Seite 119) zubereiten. – *Füllung:* Zwiebeln und Knoblauch schälen, feinhacken. Paprikaschote entkernen, in Würfelchen schneiden. Petersilie hacken. Zwiebeln, Knoblauch und Paprikaschote in Öl 3 Min. dünsten. Hackfleisch und Petersilie zugeben, scharf anbraten, dabei das Hackfleisch in erbsengroße Stücke teilen. Füllung 10 Min. dünsten, bis alle Flüssigkeit verdampft ist. Salz, Pfeffer, Sahne unterrühren. Dünn ausgezogene Teigplatte mit der Hackfleischmasse bestreichen, Semmelbrösel darüberstreuen. Strudel zusammenrollen, aufs Blech legen, mit flüssiger Margarine bepinseln. Strudel nach Angaben backen. Warm oder kalt servieren.

KRAUTSTRUDEL

Pita kupusara (jug.)

Ca. 12 Scheiben à ca. 260 kcal (1090 kJ)

Teigzutaten siehe Grundrezept. – Füllung: *1 kg Weißkraut, 4 Zwiebeln, 8 Scheiben Räucherspeck, 2 TL Kümmel, 200 g geriebener Käse, 1 Becher saure Sahne, Streuwürze.*

Strudelteig nach Angaben im Grundrezept (siehe Seite 119) zubereiten. – *Füllung:* Weißkraut putzen, waschen, dünn hobeln. Zwiebeln in Streifen schneiden. Räucherspeck rösch ausbraten, aus der Kasserolle nehmen. Zwiebeln im Speckfett gelb dünsten. Kraut, Kümmel und 1 Tasse Wasser hinzufügen, zugedeckt ca. 20 Min. dünsten. Masse abkühlen lassen. Das Kraut auf die hauchdünn ausgezogene Teigplatte verteilen, Speckstreifen obenauf legen. Mit Käse bestreuen, Sahne darübergießen, mit Streuwürze würzen. Strudel zusammenrollen und nach Angaben backen. Warm servieren.

Die pikant gefüllten Strudel werden auf dem Balkan gerne als Vorspeise serviert. Da dies für unseren Geschmack oft zu reichhaltig ist, empfehlen wir Ihnen, sie mit Salat als Hauptgericht zu reichen.

LAUCHSTRUDEL

Pita sa prazilukom (jug.)

Ca. 12 Scheiben à ca. 260 kcal (1090 kJ)

Teigzutaten siehe Grundrezept. – Füllung: *6 Stangen Lauch, Streuwürze, 300 g Schafkäse, 2 Eier, Muskat, Öl. – 1 Eigelb, 2 EL Kondensmilch.*

Strudelteig nach Angaben im Grundrezept (siehe Seite 119) zubereiten. – *Füllung:* Lauch putzen, waschen, in breite Ringe schneiden. Lauch in wenig Wasser mit Streuwürze 10 Min. dünsten, danach abtropfen lassen. Schafkäse mit einer Gabel zerdrücken, mit Eiern und Muskat vermischen. Dünn ausgezogene Teigplatte mit Öl bepinseln, mit Käsecreme bestreichen. Lauch darauf verteilen. Strudel zusammenrollen, mit mit Kondensmilch verquirltem Eigelb bepinseln und nach Angaben backen. Warm servieren.

BALKANSÜLZE

Balkanska paća (bulg.)

10 Scheiben à ca. 380 kcal (1590 kJ)

1 rote Paprikaschote, 1 Zwiebel, 1 Tasse Langkornreis, 2 Tassen Hühnerbrühe (Würfel), 1 Msp. Safran, 1/2 Glas (125 g) Salatmayonnaise, 1 Fenchelknolle, 3/4 l Weißwein, 1 Pck. (300 g) TK-grüne Erbsen, Salz, Rosenpaprika, 12 Blatt helle Gelatine, 6 EL Weinessig, 8 eingelegte Weinblätter, 150 g gekochter Schinken in Scheiben, 300 g Schafkäse, 1 EL Kapern, 1 Tomate, Petersilie.

Paprikaschote und Zwiebel feinwürfeln. Paprika, Zwiebel und Reis in der Hühnerbrühe mit Safran 20 Min. quellen lassen. Etwas abgekühlt Mayonnaise unterrühren. Fenchelknolle in Scheiben schneiden, in wenig Wasser 10 Min. dünsten. Wein erhitzen, Erbsen mit Salz und Rosenpaprika 5 Min. darin dünsten. Eingeweichte, ausgedrückte Gelatine darin auflösen, Essig zugeben. In eine Kastenform 1 cm hoch Gemüse mit Wein einfüllen, Formenrand mit Fenchelscheiben auskleiden. Diesen „Spiegel" 20 Min. stocken lassen. Weinblätter dachziegelartig nebeneinander ausbreiten, Schinkenscheiben darauflegen. Schafkäse mit Kapern verkneten, zur Rolle formen, auf den Schinken geben. Alles zur Rolle zusammenrollen. Rolle auf den Geleespiegel legen, übrige Gemüsemasse einfüllen. Sülze 3 Std. in den Kühlschrank stellen. Danach die Reismasse daraufstreichen, nochmals 1 Std. kalt stellen. Sülze auf eine Platte stürzen, mit Tomatenschnitzen und Petersilie garnieren. Reichen Sie dazu eine Zitronensoße (Rezept Seite 50) und Weißbrot.

SCHWEINESÜLZE

Pihtije od svinjskog mesa (jug.)

4 Portionen à ca. 645 kcal (2700 kJ)

1/2 Schweinekopf, 1 Schweineschwanz, 2 gespaltene, geviertelte Schweinsfüße, 250 g frische Schwarte, Salz, 4 l Wasser, 1 Zwiebel, 2 Möhren, 2 Petersilienstengel, 2–3 Lorbeerblätter, 10 Pfefferkörner, 1 Prise Thymian, 2 hartgekochte, gepellte Eier, 4 Essiggurken, Petersilie, 1–2 EL Essig.

Fleisch waschen. Wasser mit Salz in großen Topf gießen, Fleisch hineinlegen, Wasser zum Kochen bringen. Weißen Schaum auf der Oberfläche abschöpfen. Sulzfleisch bei mittlerer Hitze knapp 2 Std. kochen lassen. Möhren, Zwiebel

Balkansülze

und Gewürze nach 2 Std. zugeben, noch 30 Min. kochen lassen. Fleisch und Möhren herausnehmen, Fleisch von den Knochen lösen, Füße ganz lassen. Brühe durch ein Haarsieb gießen, erkalten lassen. Fettschicht abheben. Das Fleisch in 4 Suppenteller verteilen. Mit in Scheiben geschnittenen Möhren, Eischeiben, Gurkenfächern und Petersilie garnieren. Die Sulzbrühe nochmals erhitzen, mit Essig abschmecken, über das Fleisch gießen. Sülze im Kühlschrank mindestens 12 Std. erstarren lassen. Zur Schweinesülze schmecken Bratkartoffeln oder kräftiges Bauernbrot.

Ist die Sulzbrühe nicht ganz klar, gibt man beim Erhitzen in die entfettete Sulz 2 gut verquirlte Eiweiße und läßt sie unter Rühren aufkochen. Danach die Sulzbrühe zugedeckt 30 Min. abkühlen lassen. Brühe durch eine Filterpapiertüte gießen. Dabei nicht rühren, sondern abwarten, bis die Flüssigkeit durchgelaufen ist. Sulzbrühe abschmekken, über das Fleisch gießen, erstarren lassen.

KARPFENSÜLZE

Pihtige od šarana (jug.)

8 Portionen à ca. 195 kcal (815 kJ)

1 Karpfen (ca. 1,5 kg), 1 Zwiebel, einige Petersilienstengel, 1/2 Fenchelknolle, 2 Lorbeerblätter, 1 TL weiße Pfefferkörner, Salz, 1/2 Tasse Essig. –
Gelee: *3/8 l Weißwein, 12 Blatt helle Gelatine, Worcestersoße, 2 hartgekochte Eier, 3 Tomaten, 2 grüne Paprikaschoten, Streuwürze. – 1 Zitrone, 1 Bund Petersilie.*

Karpfen vom Fischhändler vorbereiten lassen. In eine rechteckige Kasserolle Zwiebelscheiben, Petersilie, zerkleinerten Fenchel, Gewürze und Essig geben. Karpfen hineinlegen, soviel Wasser zugießen, daß der Fisch knapp bedeckt ist. Wasser zum Kochen bringen, Karpfen 15 Min. darin ziehen, im Sud erkalten lassen. Danach vom Karpfen die Haut ablösen, Filets im Ganzen von den Gräten abnehmen. – *Gelee:* Weißwein mit durchgesiebtem Fischsud auf 3/4 Liter auffüllen, aufkochen, eingeweichte Gelatine darin auflösen. Gelee mit Worcestersoße, Salz und Pfeffer abschmecken. In eine Fisch- oder Kastenform 1 cm hoch Gelee gießen, Ei- und Tomatenscheiben hineinlegen. „Spiegel“

festwerden lassen. Formenrand mit Tomaten- und Eischeiben auskleiden. Paprikaschoten entkernen, in Streifen schneiden, in wenig Wasser mit Streuwürze 10 Min. dünsten. Fischfilet und Paprika in die Form schichten, mit übrigem Gelee begießen. Sülze ca. 4 Std. in den Kühlschrank stellen. Danach auf eine Platte stürzen, mit Zitronenscheiben und Petersiliensträußchen garnieren. Dazu schmeckt Mayonnaise und Weißbrot.

LEBERPUDDING

Puding od džigerice (jug.)

12 Stücke à ca. 195 kcal (815 kJ)

500 g gemahlene Rinderleber, 100 g Räucherspeck, 2 Zwiebeln, 1 Bund Petersilie, 200 g gemischtes Hackfleisch, 1 altbackenes Brötchen, 3 Eier, 2 TL Majoran, Salz, Pfeffer, ca. 12 eingelegte Weinblätter, 1 Zitrone, Oliven.

Speck und Zwiebeln in feine Würfel schneiden, Petersilie hacken. Speckwürfel in der Pfanne auslassen, Zwiebelwürfel und Petersilie 3 Min. darin gelb dünsten. Leber, Zwiebel-Speck-Masse, Hackfleisch, eingeweichtes, zerpflücktes Brötchen, Eier, Majoran, Salz und Pfeffer miteinander mischen. Eine kleine Ringform mit Weinblättern auskleiden, Lebermasse hineinfüllen. Weinblätter darüberschlagen. Leberpudding im Backofen auf unterster Schiene bei 200° (Gas Stufe 3) etwa 60 Min. garen, auf eine Platte stürzen, erkalten lassen. Vor dem Servieren mit Zitronen- und Olivenscheiben belegen. Dazu paßt süßsauer eingelegtes Gemüse (Rezepte Seite 128–130) und Brot.

EINGELEGTE PILZE

Pećurke u turšiji (jug.)

2 Gläser à ca. 480 kcal (2010 kJ)

500 g beliebige Pilze, 4 Schalotten oder 2 Zwiebeln, 10 Pimentkörner, 1 Lorbeerblatt, 1 TL Salz, 2 gehäufte EL Zucker, 1/4 l heller Essig, 2 Zweige frischer Estragon, 2 EL Senfkörner, 8 EL Öl.

Pilze putzen, waschen, je nach Größe zerteilen. Schalotten oder Zwiebeln schälen, in Scheiben schneiden. Zwiebeln, Pimentkörner, Lorbeerblatt, Salz, Zucker und Essig aufkochen. Pilze darin 10 Min. kochen, in Gläser füllen. Estragonzweige, Senfkörner und Öl daraufgeben, Gläser mit Klarsichtfolie verschließen. Nach 2 Tagen Flüssigkeit abgießen, um die Hälfte einkochen lassen. Erkalteten Sud über die Pilze gießen. Gläser wieder mit Sichtfolie verschließen. Die Pilze sind kühl aufbewahrt 3–4 Wochen haltbar.

AUBERGINEN IN ÖL

Patlidzan olajban (ung.)

4 Gläser à ca. 350 kcal (1465 kJ)

1 kg Auberginen, 1/4 l Essig, 1 EL Salz, 2 Zwiebeln, 2 Zweige frischer Rosmarin, 6 Knoblauchzehen, 1 TL Pfefferkörner, 2 Lorbeerblätter, Olivenöl.

Auberginen waschen, Stengelansätze wegschneiden. Auberginen längs in 1 cm dicke Scheiben schneiden, Scheiben halbieren. Auberginen auf ein Gitter legen, 24 Std. in der warmen Küche trocknen lassen. Essig mit Salz aufkochen, Auberginenstücke portionsweise darin je 1 Min. kochen, herausnehmen, auf ein Gitter legen und wieder 1 Tag trocknen lassen. Zwiebeln in 1 cm große Würfel schneiden. Auberginen mit Zwiebeln, Rosmarin, zerdrückten Knoblauchzehen, Pfefferkörnern und Lorbeerblättern in Gläser schichten. Gemüse gut zusammendrücken, mit Olivenöl auffüllen. Gläser mit Sichtfolie zubinden. Nach einigen Tagen evtl. Öl nachfüllen. Die Auberginen sind, dunkel aufbewahrt, mehrere Wochen haltbar.

SÜSS-SAURE ZUCCHINI

Kiseljaksti krastavčići (jug.)

4 Gläser à ca. 445 kcal (1860 kJ)

1 kg Zucchini, 1/2 l heller Essig, 375 g Zucker, 1 TL Salz, 1 TL weiße Pfefferkörner, 2 getrocknete Chilischoten, 1 ungespritzte Zitrone, 2 Zwiebeln.

Zucchini waschen, ungeschält in Scheiben schneiden. Essig, Zucker, Salz, Pfefferkörner, Chilischoten und Scheiben von Zitrone und Zwiebeln aufkochen. Zucchinischeiben portionsweise je 3 Min. darin kochen, in Gläser füllen, verschließen. Nach 2 Tagen Flüssigkeit abgießen und um die Hälfte einkochen lassen. Sud erkaltet über das Gemüse gießen. Dunkel und kühl gestellt ist das Gemüse 6–8 Wochen haltbar.

Auf dieselbe Weise wie Zucchini lassen sich auch Gurken einlegen. Salatgurken schälen, halbieren, in Stücke schneiden. Weitere Zubereitung siehe Rezept oben.

Süßsaure Zucchini
berginen in Öl
Eingelegte Paprikaschoten
(Rezept Seite 130)

EINGELEGTE PAPRIKASCHOTEN

Paprike u turšiji (jug.)

4 Gläser à ca. 270 kcal (1130 kJ)

750 g rote Paprikaschoten, 12–15 kleine Zwiebeln, 4 Knoblauchzehen, 4 getrocknete Chilischoten, 1/2 l heller Essig, 1/4 l Wasser, 200 g Zucker, 1 TL Edelsüß-Paprika, 10 weiße Pfefferkörner, 1 TL Salz.

Paprikaschoten entkernen, waschen, in breite Streifen schneiden. Zwiebeln und Knoblauchzehen schälen. Essig mit Wasser, Zucker, Chilischoten und Gewürzen aufkochen, Paprikaschoten mit Zwiebeln und Knoblauch portionsweise darin 5 Min. kochen. Gemüse in Gläser füllen, Sud darübergießen. Zugebunden 2 Tage stehen lassen. Danach Flüssigkeit abgießen, um die Hälfte einkochen lassen. Sud über die Paprikaschoten gießen, erkalten lassen. Verschlossene Gläser kühl und dunkel aufbewahren.

SLOWENISCHE SCHINKENKRAPFEN

Slovenačke krofne sa šunkom (jug.)

Ca. 20 Plätzchen à ca. 205 kcal (860 kJ)

Teig: *4 mittelgroße Kartoffeln, 500 g Mehl, 30 g Hefe, 1/4 l Milch, 2 Eier, 2 EL Öl, Salz.* – Füllung: *375 g gekochter Schinken, 1/2 Bund Petersilie, 1/2 – 1 Becher saure Sahne. – Backfett.*

Teig: Kartoffeln am Vortag kochen. Am anderen Tag Kartoffeln pellen und durch die Kartoffelpresse drücken. Mehl sieben. Hefe mit lauwarmer Milch verrühren, 10 Min. stehen lassen. Mehl, Hefeansatz, Eier, Öl und Salz zu geschmeidigem Teig verarbeiten, Kartoffelmasse zuletzt unterkneten. Den Teig zugedeckt etwa 1 Stunde gehen lassen. Die Teigmenge sollte sich etwa um ein Drittel vermehren. – *Füllung:* Schinken durch die feine Scheibe des Fleischwolfs drehen, mit gehackter Petersilie und Sahne zu cremeartiger Masse vermischen. Hefeteig auf bemehlter Arbeitsplatte 1 cm dick auswellen. Runde Plätzchen (10 cm ∅) ausstechen. Je einen Teelöffel Füllung auf die Plätzchen geben, Teigränder mit Eiweiß bestreichen, halb zusammenklappen. Teigränder fest zusammendrücken. Krapfen noch 30 Min. gehen lassen, danach portionsweise in heißem Backfett goldbraun fritieren. Krapfen heiß zu gemischtem Salat oder zu Wein oder Bier anbieten.

SCHINKENTORTE

Torta od šunke (jug.)

8 Stücke à ca. 485 kcal (2030 kJ)

500 g Pellkartoffeln, am Vortag gekocht, 375 kg gekochter Schinken, 250 g Butter oder Margarine, 6 Eier, 1 EL Semmelbrösel, 1 Bund gehackte Petersilie, Salz, Pfeffer, 1 TL Edelsüß-Paprika.

Pellkartoffeln pellen, durch eine Kartoffelpresse drücken. Schinken durch die grobe Scheibe des Fleischwolfs drehen. Butter mit Eigelb schaumigrühren, Semmelbrösel, Petersilie und Gewürze untermischen. Eiweiß zu Schnee schlagen. Kartoffeln mit der Eicreme vermischen, Eischnee locker unterziehen. Teigmasse in gefettete flache Auflaufform füllen, im Backofen bei 180° (Gas Stufe 2) 20–30 Min. goldgelb backen. Schinkentorte stürzen, erkalten lassen. Grünen Salat dazu servieren.

KONFITÜRE

Slatko (jug.)

4 Gläser à ca. 2730 kcal (11425 kJ)

2 kg ausgelesene Früchte einer Sorte (z. B. Beeren, Kirschen, Pfirsiche, Birnen), Saft von 3 Zitronen, 2,5 kg Zucker, je nach Obstsorte und Geschmack Zitronenscheibe, Vanilleschote oder Zimtstange.

Früchte sorgfältig verlesen bzw. waschen und trockentupfen. Obststücke auf eine Platte legen, mit Zitronensaft beträufelt 2–3 Std. stehen lassen. Zucker mit ½ Liter Wasser und Geschmackszutaten zu dickem Sirup kochen. Früchte hineinlegen und so lange kochen, bis der Sirup glasig wird. Dabei die Früchte nicht umrühren, sonst verlieren sie Form und Aussehen. Bildet sich Schaum auf der Oberfläche, diesen vorsichtig mit einem Schaumlöffel abschöpfen. Tropft der Sirup schwerreißend von einem hineingetauchten Löffel, ist das Slatko fertig. Topf vom Herd nehmen, mit Deckel verschließen, mindestens 12 Std. stehen lassen. Am anderen Tag Früchte mit Sirup vorsichtig in Gläser füllen, gut verschließen. Slatko ist mehrere Monate lang haltbar.

In Jugoslawien, speziell in Serbien und Mazedonien, den Ursprungsländern des Slatko, ist es Sitte, daß Gäste von der Frau des Hauses als Willkommensgruß ein bis zwei dieser Früchte, zusammen mit einem Glas Wasser, angeboten bekommen.

Wein gehört im Balkan zum täglichen Dasein. Er fördert das Gespräch unter Freunden, belebt die Nachbarschaft, darf bei fröhlichen Festen nicht fehlen und löscht den Durst beim Essen. Sind die Weine schwer und vollmundig, wie es in sonnenbeschienenen Anbaugebieten häufig der Fall ist, verdünnt man sie mit Wasser. Denn in südlichen Ländern wird klares frisches Quellwasser ebenso geschätzt wie Wein. Auch durstlöschende, frischgepreßte Fruchtsäfte, evtl. mit Wasser verdünnt, werden häufig an kleinen Ständen an Straßenecken angeboten und finden ihre begeisterten Abnehmer. Große Bedeutung im täglichen Leben haben auch der türkische Kaffee, Ayran, ein erfrischendes Joghurtgetränk, und die allseits bekannten Spirituosen, Sliwowitz und Quzo, meist auch nur Rakija genannt.

TÜRKISCHER KAFFEE

Auf türkische Art wird der Kaffee in allen Balkanländern gekocht. Man verwendet dazu ein Emaille- oder Kupfergefäß mit langem Stiel, das sich nach oben hin verjüngt. Es wird in Jugoslawien ,,Dzezwa'', in Bulgarien ,,Jezwe'', in der Türkei ,,Cezve'' genannt. Für türkischen Kaffee sollen die Kaffeebohnen stark geröstet und möglichst frisch und fein gemahlen sein. Deshalb besitzt in diesen Ländern jede Hausfrau ihre eigene Mokkamühle.

Für eine Mokkatasse:
1 gehäufter TL fein gemahlener Kaffee, 1 TL Zucker, 1 kleine Tasse frisches Wasser.

Kaffeepulver, Zucker und Wasser in die Dzezwa geben und unter ständigem Umrühren langsam zum Kochen bringen. Steigt der Kaffee im Töpfchen auf und schäumt, Schaum in eine Mokkatasse gießen. Übrigen Kaffee erneut aufsprudeln lassen, dann zum Schaum in die Tasse gießen.

Türkischer Kaffee wird zu jeder Tageszeit getrunken. Unbedingt aber sollte er nach dem Essen serviert werden. Zum Kaffee gehört ein Glas frisches Wasser.

AYRAN

Wann immer ein erfrischendes, alkoholfreies Getränk gewünscht wird, wird Ayran ausgeschenkt. Es ist im Balkan, in der griechischen und türkischen Küche das Getränk, das zum Essen, als Erfrischung zwischendurch oder als Willkommenstrunk gereicht wird.

Die Zutaten sind denkbar einfach. Joghurt und Wasser, mit etwas Salz abgeschmeckt. Der Joghurt wird leicht cremig geschlagen und mit der doppelten Wassermenge oder mit kohlesäurereichem Mineralwasser vermischt. Nach Belieben fügt man eine Prise Salz und einige Eiswürfel hinzu.

Türkischer Kaffee

Grießkuchen (Rezept Seite 115)

WEINE UND SPIRITUOSEN

Jugoslawien

Die bekanntesten Weinbaugebiete liegen in Dalmatien, Kroatien, Serbien und Slowenien. Die exportierten Weine weisen mittlere, nur wenige Sorten Spitzenqualitäten auf. Die Weine sind schwer und werden deshalb oft mit Wasser verdünnt. So findet man in Lokalen oft folgende Bezeichnungen auf der Speisekarte: Bevanda – Rotwein mit Wasser, Špricer – Weißwein mit Mineralwasser und an der dalmatinischen Küste Mussolini – Wein mit Orangenlimonade vermischt.

Die bekanntesten Weinsorten sind:

* Weißer Pinot: ein würziger Weißwein aus der Gegend um Ormož
* Zilavka-Mostar: begehrter Weißwein von gelbgrüner Farbe aus der Herzegowina stammend
* Shiponweine: Weißweine aus Ormož, die zu den Spitzenweinen zählen
* Prošek und Pošir: weiße Landweine, die an der adriatischen Küste angebaut werden
* Blatina-Mostar: ein Rotwein, aus der Traubensorte Blatina gekeltert
* Crni Pastuv (Schwarzer Hengst): ein mazedonischer Rotwein der Traubensorte Vranac von wildem, feurigem Charakter
* Prokupac: ein Rotwein aus der Traubensorte Blauer Burgunder. Bei uns als Amselfelder bekannt.

Die beliebtesten Spirituosen sind:

* Sliwowitz: ein Zwetschgenschnaps, der in allen Balkanländern gern getrunken wird. Sliwowitz wird mit 25% und über 40% Alkoholgehalt angeboten. Je länger der Sliwowitz in Eichenfässern gelagert wird, desto höher die Qualität und intensiver die goldgelbe Farbe. Klekovača nennt man mit Wacholder gewürzten Sliwowitz
* Mastika: mazedonischer Anisbranntwein
* Vinjak: ein cognacähnlicher Weinbrand, in Dalmatien hergestellt
* Pelinkovac: ein Wermutschnaps, der gern als Aperitif getrunken wird
* Maraškino: ein Fruchtlikör aus der Weichselkirsche marasca.

Jugoslawien
Rumänien
Griechenland
Ungarn
1978
Schwarzer Hengst
VRANAC
JUGOSLAWIEN
Žilavka mostar
Blatina mostar
TZUICA
SLIVOVITZ
RUMÄNISCHES ERZEUGNIS
RUMÄNIEN
MURFATLAR
BISERICA VECHE
MURFATLAR
RUMÄNIEN
boutari
OUZO
RETSINA
601
IMPERIA
ACHAIA
CLAUSS
TSANTALI
Szegediner
UNGARN
1979er
Leányka
Mädchentraube
Merlot

GETRÄNKE UND GETRÄNKEKUNDE

Rumänien

Die rumänischen Weine zeichnen sich durchweg durch hochwertige Qualitäten aus. Maßgeblich dafür ist das für den Weinbau vorzüglich geeignete Klima eines langen und trockenen Herbstes. Die starken Temperaturunterschiede zwischen Tag und Nacht treiben die Öchslegrade der Trauben in die Höhe, die Weine erreichen ein ausgeprägtes Bukett. Meistangepflanzte Traubensorten sind Königliche Mädchentraube, Riesling, Sauvignon, Cabernet und Aligoté. Besondere Kennzeichen rumänischer Weine: fruchtiger Geschmack, eine Farbpalette von goldgelb bis rotgolden und ein natürlicher Körperreichtum.

Folgende Weinsorten finden Sie:

* herbe weiße Landweine in den Anbaugebieten Odobesti, Dragasani, Timboesti, Husi und Panciu
* trockene Tischweine aus roten Trauben in Nicoresti und Moldova Noua
* weiße Qualitätsweine in Dealul mare, Tirnave, Minis, Lechinta
* rote Qualitätsweine in Tohani, Murfatlar, Corcova und Valea Calugareasca.

An Spirituosen gibt es:

* Sliwowitz oder Tuica: aus vollreifen frischen Pflaumen gebrannter Schnaps. Außerdem findet man im Land verschiedene Obstschnäpse, die jede Familie selbst brennt.

Ungarn

Die ungarischen Weine sind bei uns schon seit längerer Zeit bekannt. Zu den meistgetrunkenen und bekanntesten Weinen zählen wohl die Tokajerweine, die aus der Furmint-Rebe gewonnen werden. (Wichtig: Nicht zu verwechseln mit der ähnlichen Schreibweise mit y [Tokayer]. Diese Traubensorte wird im Elsaß angebaut und liefert einen völlig andersartigen Wein.) Den Namen erhält der Tokajer von dem Dorf Tokaj am Fuß der Karpaten. Die echten Tokajerweine, deren Alkoholgehalt 18% nicht übersteigen darf, werden in geschützten, weißen 0,5-l-Flaschen abgefüllt. Vornehmlich angebaut werden in Ungarn die Traubensorten Kadarka, Mädchentraube, Merlot, Weißburgunder, Riesling und Muskatrebe.

Bei uns bekannte Weine sind:

* Tokaji Szamarodni: ein kräftiger, weißer Tischwein mit einem hohen Alkoholgehalt (selten weniger als 13%)

* Tokaji Aszu: ein edler, süßer Dessertwein, der einer deutschen Auslese entspricht
* Erlauer Stierblut: ein körperreicher, tiefdunkler Rotwein aus Eger
* Mädchentraube: ein aromatischer, lieblicher Weißwein aus Szeged
* Merlot: ein glutvoller Rotwein, ebenfalls aus dem Szegeder Anbaugebiet.

Beliebte Spirituose:

* Barack pálinka: ein Aprikosenbranntwein mit fruchtigem Aroma.

Griechenland

Von Griechenland ausgehend wurde der Weinbau in allen klimatisch günstig gelegenen europäischen Ländern populär. Schon im Altertum wurden bei den Griechen einfache Landweine angebaut, die durch die Beigabe von Harz der Seestrandkiefer haltbar gemacht wurden. Noch heute wird dieser Wein, Retsina genannt, ebenso gekeltert. Nicht nur die Griechen lieben den scharfen, erdigen Geschmack, auch bei vielen Nichtgriechen hat der Retsina seine Anhänger. Vorwiegend exportiert werden volle, kräftige Rotweine und süße Dessertweine.

Griechische Weinsorten sind:

* Retsina: einfache rote und weiße Landweine von harzigem Geschmack
* Pallini: ein trockener, wohlschmeckender Weißwein, der auf den Weinbergen um Athen wächst
* Demestika und Manesi: trockene, anspruchslose Tischweine
* Mavrodaphne: ein portweinähnlicher voller, schwerer Rotwein vom Peleponnes
* Samosweine: aus Muskateller- oder Fukianotrauben gekelterte Weine, die dem bekannten Madeira ähnlich sind.

Bekannter Aperitif:

* Quzo: beliebter, süßer Branntwein aus Trauben destilliert und mit Anisöl gewürzt. Quzo wird immer sehr kalt und in Verbindung mit Wasser getrunken. Es gibt zwei Methoden: Man nimmt einen Schluck eiskalten Quzo's pur in den Mund und trinkt kühles Wasser hinterher. Oder man gießt ¼ Quzo mit ¾ Wasser auf. Er wird dann wolkig und blau-weiß.

ALPHABETISCHES INHALTSVERZEICHNIS

Q

R

S

T

W

Z

REZEPTVERZEICHNIS NACH GRUPPEN

Vorspeisen

Suppen und Suppentöpfe

Salate

Soßen

Fischgerichte

Fleisch, Wild und Geflügel

Gebäck, süß und pikant

Verschiedenes